선물하기 좋은
자수 소품 레시피

선물하기 좋은
자수 소품 레시피

2017년 5월 31일 초판 1쇄 인쇄
2017년 6월 7일 초판 1쇄 발행

지은이 | 민해림
펴낸이 | 이준원
펴낸곳 | (주)황금부엉이

주소 | 서울시 마포구 양화로 127 (서교동) 첨단빌딩 5층
전화 | 02-338-9151
팩스 | 02-338-9155
인터넷 홈페이지 | www.goldenowl.co.kr
출판등록 | 2002년 10월 30일 제 10-2494호

본부장 | 홍종훈
편집 | 조연곤
교정 | 주경숙
표지 디자인 | 윤선미
본문 디자인 | 조서봉
전략마케팅 | 구본철, 차정욱, 나진호, 이동후, 강호묵
제작 | 김유석

978-89-6030-483-3 13630

※ 값은 뒤표지에 있습니다.
※ 잘못된 책은 구입하신 서점에서 바꾸어 드립니다.
※ 이 책은 신저작권법에 의거해 한국 내에서 보호를 받는 저작물이므로 무단 전재 및 복제를 금합니다.

※ 황금부엉이에서 출간하고 싶은 원고가 있으신가요? 생각해보신 책의 제목(가제), 내용에 대한 소개, 간단한 자기소개, 연락처를 book@goldenowl.co.kr 메일로 보내주세요. 집필하신 원고가 있다면 원고의 일부 또는 전체를 함께 보내주시면 더욱 좋습니다. 책의 집필이 아닌 기획안을 제안해주셔도 좋습니다. 보내주신 분이 저 자신이라는 마음으로 정성을 다해 검토하겠습니다.

선물하기 좋은
자수 소품 레시피

민해림 지음

BM 황금부엉이

prologue

임신 초기에 태교를 위해 신청했던 바느질 클래스에서 우연히 프랑스 자수를 처음 접하게 되었습니다. 손바느질로 완성한 소품에 실과 바늘을 몇 번 왔다 갔다 하니 금세 예쁜 꽃이 피어나는 게 너무나도 신기하고 재미있었던 기억이 납니다.

다취미 증후군이라고 해도 좋을 정도로 다양한 취미생활을 즐기는 편이지만 그중에서도 유독 프랑스 자수의 매력에 푹 빠져버렸습니다. 색연필이나 물감이 아닌 알록달록 고운 색실과 바늘로 그림을 그리는 듯한 기분에 한번 수를 놓기 시작하면 완성할 때까지 손을 놓을 수 없었고, 수놓고 싶은 도안이 떠오르면 밤잠을 설칠 정도였습니다. 좋아하는 음악을 들으며 따뜻한 커피 한 잔을 곁들여 자수를 놓는 시간은 반복되는 육아와 살림에 지친 저에게 큰 기쁨과 위안이 되었습니다.

다른 취미들과 달리 재료 구입에 큰 비용이 들지도 않고 집에서도 카페에서도 틈틈이 즐길 수 있는 이렇게 좋은 취미생활을 많은 분들과 함께하고 싶었습니다. 그런 마음으로 자수 클래스를 시작하게 되었고, 여러 가지 작품들을 수놓으며 터득한 노하우와 클래스에서 공통적으로 궁금해하거나 어려워하는 부분들을 더 많은 이들과 나누고 싶어서 이 책을 쓰게 되었습니다. 프랑스 자수를 처음 시작하는 분들이 따라 하기 쉬운 스티치 위주로 도안을 구성하였고, 과정 사진을 꼼꼼히 실어 혼자서도 어렵지 않게 작품을 완성할 수 있게 엮었습니다.

저에게 그랬듯이 바쁘고 지친 일상에 작은 설렘과 즐거움이 되길 바라봅니다.

PART01 세상에서 가장 소중한 나에게

| 수면안대 |
18
168

| 라벤더 사셰 |
23
168

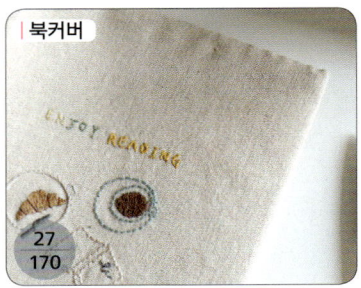

| 북커버 |
27
170

| 북마크 |
32
171

| 메르씨 손거울 |
36
172

PART02 요즘 너무 지쳤어, 힐링자수

| 호박 핀쿠션 |
42
173

| 메이슨자 핀쿠션 |
48
173

| 런치백 |
52
174

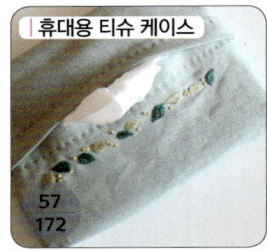

| 휴대용 티슈 케이스 |
57
172

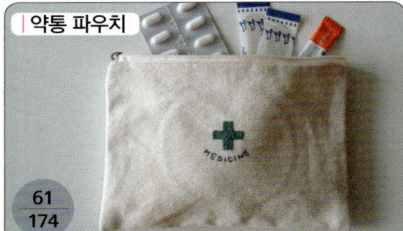

| 약통 파우치 |
61
174

| 캠핑 플래그 |
64
175

6

PART03 세상에서 제일 따뜻한 우리 집에 놀러올래?

| 코스터 |
72 / 176

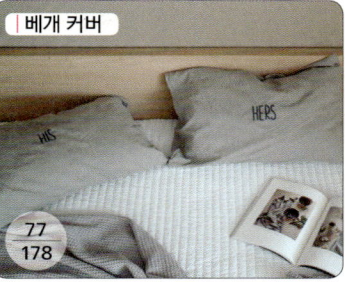
| 베개 커버 |
77 / 178

| 티슈 케이스 |
81 / 177

| 쿠션 커버 |
84 / 178

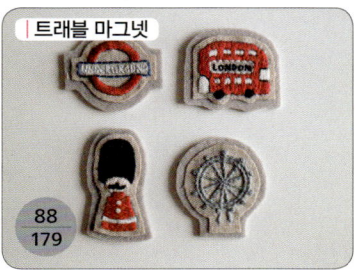
| 트래블 마그넷 |
88 / 179

PART04 오래오래 행복해야 돼

| 웨딩카 자수 액자 |
98 / 180

| 키친 클로스 |
104 / 179

| 본아페티 앞치마 |
107 / 180

| 브레드 주방장갑 |
110 / 181

| 에코백 |
117 / 181

PART05 특별한 날을 위한 자수

| 하나뿐인 배냇저고리
122
184

| 턱받이
125
184

| 감사 카드
128
185

| 생일 축하 벽장식
133
186

| 크리스마스 오너먼트
138
187

| 크리스마스 머리핀
144
188

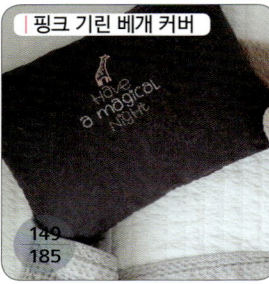

| 핑크 기린 베개 커버
149
185

| 할로윈 브로치
152
188

BASIC 자수를 시작하기 전에   9

STITCH 기본 스티치

러닝 스티치	158	롱앤숏 스티치	162
휘프드 러닝 스티치	158	레이지데이지 스티치	162
백 스티치	158	레이지데이지 스티치 + 스트레이트 스티치	162
스트레이트 스티치	159	프렌치 노트 스티치	163
아우트라인 스티치	159	플라이 스티치	163
체인 스티치	160	버튼홀 스티치	164
카우칭 스티치	160	링 스티치	164
새틴 스티치	161	리프 스티치	165
스플릿 스티치	161	피쉬본 스티치	165

자수를 시작하기 전에

준비물

| 자수 도구 |

- ❶ **트레이싱지**: 도안을 옮겨 그릴 때 사용하는 반투명한 종이입니다.
- ❷ **먹지**: 원단에 자수 도안을 옮겨 그릴 때 사용합니다. 빨강, 파랑, 검정, 흰색 등 다양한 색상이 있으므로 원단의 색상에 따라 도안이 잘 보이는 색상을 골라서 사용하면 됩니다.
- ❸ **수틀**: 수틀은 수를 깔끔하고 예쁘게 놓을 수 있도록 원단을 팽팽하게 잡아주는 역할을 합니다. 크기와 모양, 소재에 따라 다양한 수틀이 있으나 일반적으로 원형 나무 수틀이 가장 많이 쓰입니다.
- ❹ **자수바늘**: 프랑스 자수는 실의 가닥 수를 다양하게 사용하는 경우가 많으므로 다양한 호수가 한 세트로 구성되어 있는 바늘을 구입하는 편이 좋습니다. 크로바 바늘의 경우 3~6호 또는 3~10호의 바늘 세트가 있으며, 바늘의 번호가 클수록 바늘은 작아집니다. 보통 1~2가닥의 실을 사용할 경우는 7~10호, 3~4가닥의 경우 5~7호, 6가닥 모두를 사용할 경우에는 3호 바늘을 사용하면 됩니다.
- ❺ **보빈**: 자수실을 감아 각 자수실의 색상 번호를 적어 보빈함에 넣어 보관합니다.
- ❻ **자수용 수성펜**: 원단에 도안을 직접 그리거나 트레이싱 페이퍼로 그린 도안이 지워져 희미할 때 수정하는 용도로 사용합니다. 자수를 완성한 뒤 면봉에 물을 묻혀 닦거나 분무기로 살짝 뿌려주면 깔끔하게 지워집니다.
- ❼ **연필**: 먹지 위에 도안을 놓고 도안을 따라 그릴 때 사용합니다. 볼펜이나 철필로 대체할 수 있습니다.
- ❽ **수성펜 지우개**: 수성펜을 지울 때 사용합니다. 원단에 도안을 직접 그릴 때 바로바로 수정할 수 있어 편리합니다.
- ❾ **자수가위**: 끝이 뾰족한 가위가 사용하기 편리합니다. 자수실을 자를 때 사용합니다.
- ❿ **재단가위**: 자수 원단을 자를 때 사용하는 가위입니다. 원단 가위는 꼭 원단만 잘라야 가윗날이 상하지 않습니다.

| 부자재 |

❶ **집게핀대**: 머리핀을 만들 때 사용합니다. 원하는 색의 리본을 붙여 사용해도 좋습니다.
❷ **브로치핀**: 브로치를 만들 때 사용합니다. 자수 작품 뒤에 글루건을 이용하여 붙여줍니다.
❸ **샤무드 끈**: 플래그나 벽장식 같은 작품을 벽에 걸 때 사용합니다.
❹ **트와인 끈**: 크리스마스 오너먼트 같은 장식품을 만들 때 사용합니다.
❺ **방울솜**: 자수 작품 안에 솜을 넣어 채울 때 사용합니다.
❻ **양면테이프**: 자수 작품을 수틀에 붙일 때나 자수 카드를 만들 때 사용합니다.
❼ **수예용 본드**: 자수 작품을 붙이는 용도로 사용합니다.
❽ **올 풀림 방지액**: 완성한 자수 작품의 올이 풀리는 걸 방지하기 위해 사용합니다.

| 원단 |

❶ **하프리넨**: 리넨과 면이 혼방된 원단으로 면과 리넨의 장점을 모두 가지고 있어 리넨보다 주름이 덜 생기고 다루기 쉬워 자수를 놓을 때 많이 사용합니다.
❷ **하프리넨 백아이보리 컬러**: 내추럴 컬러의 리넨 이외에도 다양한 컬러의 하프린넨이 있습니다.
❸ **광목**: 날실과 씨실을 무명실로하여 짠 무명천으로, 엷은 누런색을 띄는 것이 특징이며, 그 밖에도 다양한 색상이 있습니다.
❹ **면**: 무명이나 목화솜을 원료로 한 실로 짠 원단으로, 구하기도 쉽고 다루기도 쉬워 다양한 의류나 침구류 같은 소품에 다양하게 사용됩니다.
❺ **접착솜**: 원단에 부착하여 도톰한 효과를 낼 수 있는 솜으로 한쪽에 접착제가 붙어 있습니다. 부착할 원단에 반짝거리는 면이 마주하도록 올려놓은 뒤 스팀다리미로 다림질하면 원단에 부착됩니다.

| 자수실 |

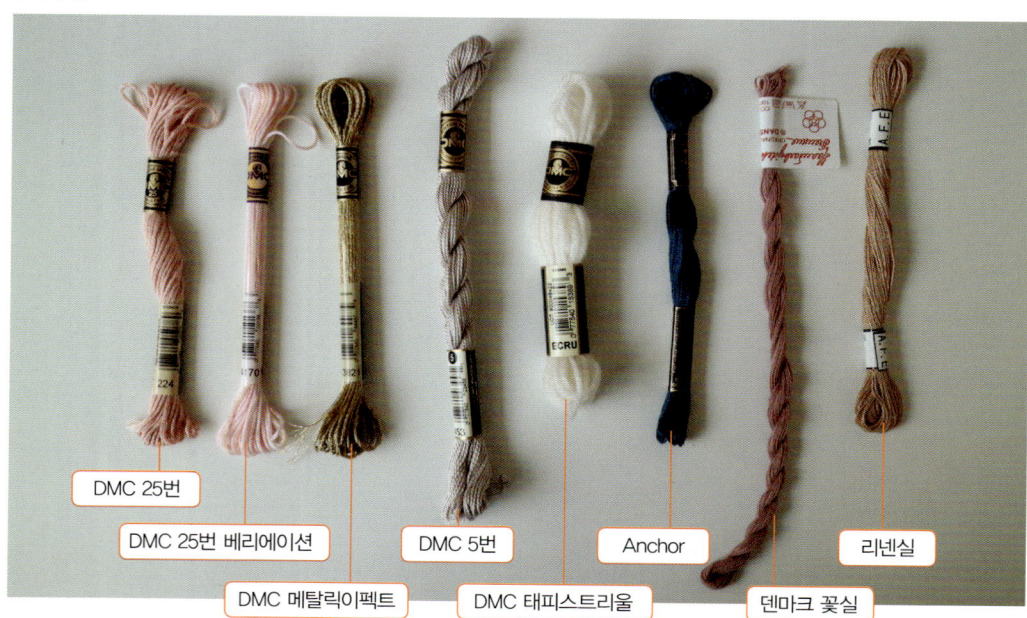

이 책에서는 면사인 DMC 25번 자수실을 주로 사용하였습니다. DMC, Anchor, Cosmo 등의 자수실 중 가장 많이 사용되는 실로, 온라인이나 오프라인 수예점에서 쉽게 구할 수 있습니다. 실 이름에 나오는 '25번'이라는 번호는 실의 종류로 여섯 가닥이 하나로 모여 있는 것입니다. 표현하고자 하는 느낌에 따라 한 가닥에서 여섯 가닥으로 골고루 사용할 수 있다는 장점이 있습니다. 실 아래쪽의 번호는 실의 색상 번호이므로 보빈에 적은 뒤 감아두면 도안을 볼 때 편리합니다.

| 자수실 사용하기 |

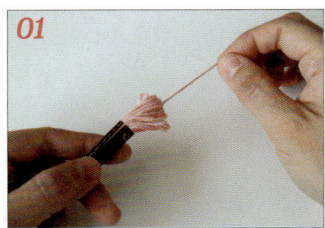

01
실의 끝부분을 찾아 한 손으로는 실타래 전체를 잡고 다른 한 손으로 실의 끝부분을 잡아 천천히 잡아당기며 뺍니다. 30~40cm 정도의 길이로 잘라 사용합니다.

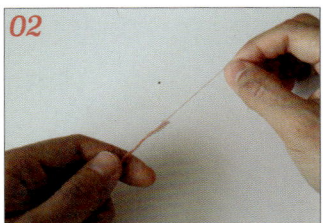

02
잘라서 준비한 실은 *01*과 같은 방법으로 한 손으로 여섯 가닥 전체를 살짝 잡아주고, 다른 한 손으로 한 가닥을 잡아 천천히 빼냅니다.

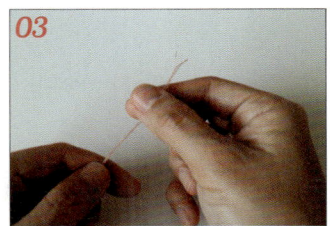

03
한 가닥씩 손으로 펴서 꼬임이 없도록 가지런히 정리한 뒤 필요한 가닥 수만큼 모아서 사용합니다.

| 실 보관하기 |

01
실과 보빈을 준비합니다.

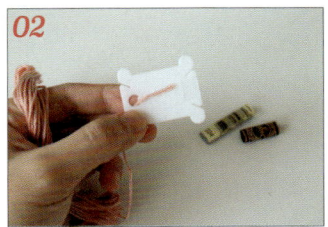

02
보빈 아래쪽의 구멍으로 실을 통과시킵니다.

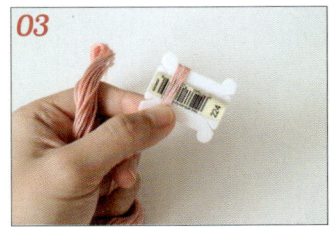

03
라벨을 실 번호가 보이도록 보빈 위에 올려두고 실이 엉키지 않도록 주의하며 실을 감아줍니다.

04
보빈 귀퉁이의 홈에 실을 걸어 마무리합니다.

| 실 꿰기 |

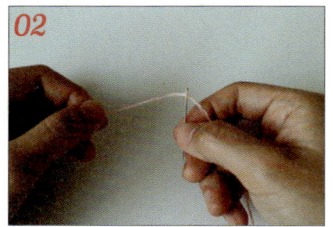

01 실 끝에 물을 살짝 묻힌 뒤 실 끝부분을 손톱으로 납작하게 눌러 바늘귀에 밀어 넣습니다.

02 자수실 한쪽은 길게, 다른 한쪽의 실은 긴 쪽의 반 정도가 되도록 뺍니다.

| 매듭짓기 |

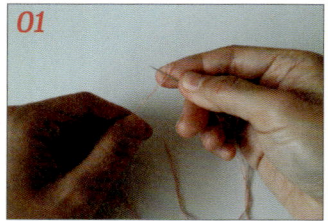

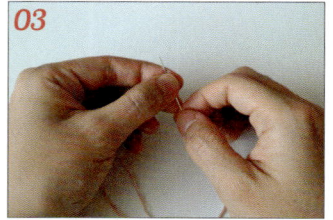

01 검지 위에 실의 긴 쪽을 올리고, 실 위에 바늘을 올려줍니다.

02 바늘에 실을 2~3번 감아줍니다.

03 바늘에 감은 실을 다른 한 손으로 잡습니다.

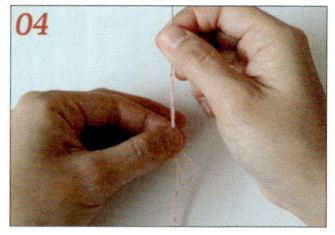
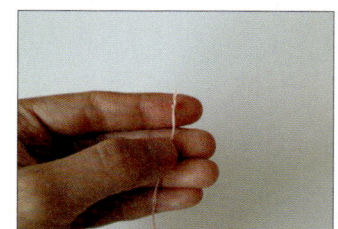

04 한 손은 바늘을 잡고 있고, 다른 한 손으로 바늘에 감은 실을 잡아 바늘 뒤쪽으로 실의 끝에 매듭이 생길 때까지 빼면 매듭이 완성됩니다.

| 수틀 사용하기 |

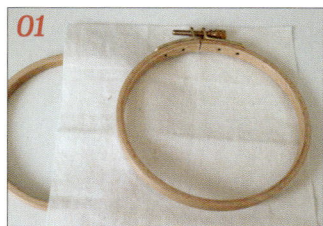

01 수틀 위의 나사를 조금 풀어 느슨하게 만든 뒤 수틀의 안쪽 틀을 빼내어 수틀 안쪽 - 원단 - 수틀 바깥쪽 순으로 올립니다.

02 원단이 수틀의 중심에 오도록 맞춘 뒤 힘 있게 눌러 수틀을 끼워줍니다.

03 원단을 팽팽히 잡아줄 수 있도록 수틀의 나사를 조입니다.

04 원단이 팽팽하게 잘 고정되었는지 확인합니다.

TIP 대각선 방향으로 원단을 잡아당기게 되면 원단이 늘어나므로 가로세로 방향으로 당겨주세요. 한쪽만 과도하게 당기면 원단이 흐트러지면서 도안의 모양도 변형될 수 있으므로 최대한 같은 힘으로 당겨야 해요.

| 도안 옮기기 |

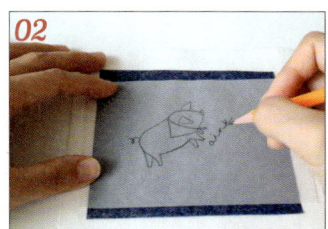

01 종이 위에 트레이싱지를 올리고 연필로 도안을 따라서 그려주세요.

02 수놓을 원단과 도안 사이에 먹지를 끼우고 연필로 도안을 따라 그려줍니다.

03 원단에 그림이 옮겨진 상태입니다. 잘 옮겨지지 않는 부분이나 흐릿한 부분은 자수용 수성펜으로 다시 그려줍니다.

PART 01

세상에서 가장 소중한 나에게

수면안대

*

여행을 떠날 때면 습관처럼 챙기게 되는 수면안대예요.
낮에도 밤에도 숙면을 취할 수 있게 도와주는 기특한 아이템이지요.
특히 사람들이 오가는 비행기 안이나 기차 안에서 잠을 자야 할 때
수면안대로 얼굴을 반쯤 가리면 마음이 편해지면서 잠이 솔솔 잘 오는 것 같아요.
여행을 앞두고 있다면 여행지에서의 편안한 밤을 위해
나만의 수면안대를 만들어보는 건 어떨까요?

원단 앞면용 인디핑크색 리넨 25×15cm, 뒷면용 그레이색 리넨 25×15cm, 접착솜(4온스) 20×12cm
부자재 끈(고무 스트링) 38~40cm
도안 168쪽

How to Make

01
앞면용 원단에 도안을 그린 후 원단을 수틀에 끼워 준비합니다.

02
도안을 참고하여 영문 도안에서 두껍게 표현된 부분은 새틴 스티치로, 그 외의 선은 아우트라인 스티치로 수놓습니다.

03
'night'에서 'g'의 앞부분은 초승달처럼 다른 색으로 포인트를 줍니다.

04
새틴 스티치와 아우트라인 스티치를 반복하여 자수를 완성합니다.

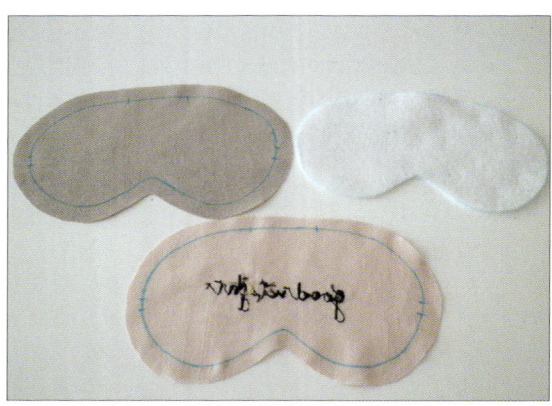

05
앞면과 뒷면이 될 원단의 안쪽에 안대 모양의 실물 도안을 그립니다. 도안이 그려진 원단은 시접을 1cm 정도 남기고 재단합니다. 접착솜은 안대 도안 크기대로 재단합니다.

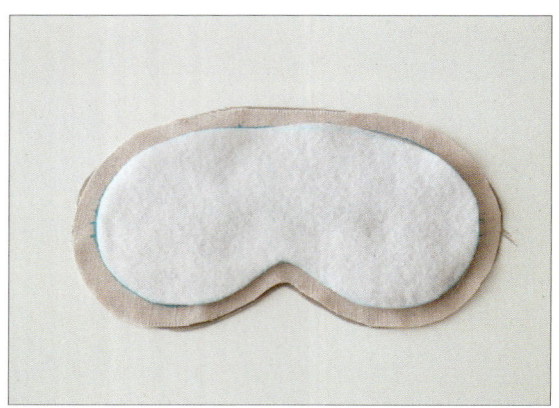

06
두 원단의 겉면이 마주 보도록 포개 놓고 그 위에 접착솜을 부착합니다.

TIP 접착솜을 보면 오돌토돌한 알갱이가 있는 면이 있습니다. 알갱이가 있는 면에 원단의 뒷면이 마주보도록 올려놓은 뒤 원단의 겉면을 스팀다리미로 다림질하여 접착솜을 붙여줍니다.

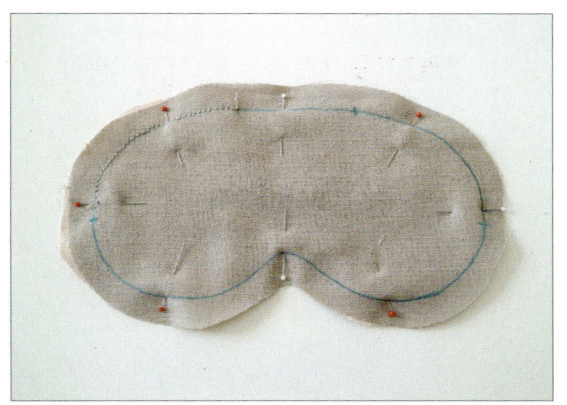

07
원단을 시침핀으로 고정시키고, 창구멍과 고무줄 끼울 부분을 제외하고 박음질합니다.

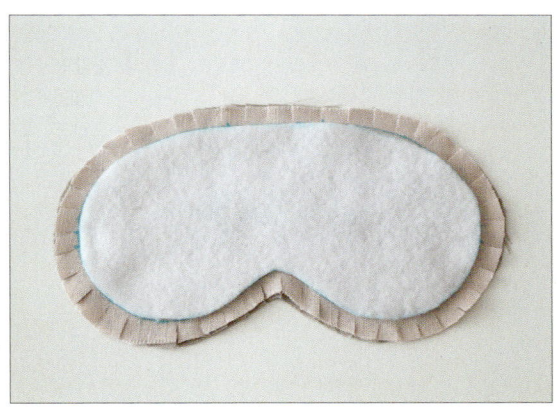

08
시접에 약 1cm 간격으로 가위집을 냅니다.

09
창구멍을 통해 뒤집어줍니다.

10
윗부분의 창구멍을 공그르기로 막아줍니다.

11
끈이 될 고무 스트링을 머리 크기에 맞게 잘라 양끝을 한 번씩 묶어줍니다.

TIP 사진 속 안대의 고무줄은 매듭 포함 36cm입니다.

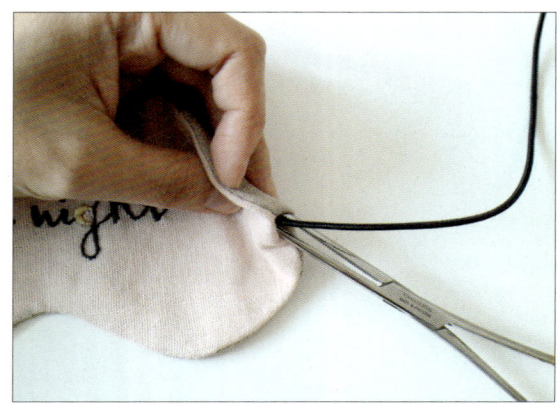

12
옆면의 창구멍에 고무줄을 밀어 넣고 공그르기로 마무리합니다. 이때 고무줄을 통과하며 공그르기해주면 좀 더 튼튼하게 완성됩니다.

라벤더 사셰

*

사셰(sachet)는 프랑스어로 '향을 담은 주머니'라는 뜻이라고 합니다.
한 땀 한 땀 정성 들여 만든 사셰로
집 안 곳곳에 특별한 향기를 더해보는 건 어떨까요?
옷장 안, 서랍 안, 침대 옆을 감도는 은은한 라벤더 향기가
기분 좋은 느낌을 주고, 숙면을 취할 수 있도록 도와줄 것 같아요.

원단   화이트 리넨 16×9cm(시접 0.5cm 포함)
부자재   리버티 스트링 13cm, 라벤더 포푸리
도안   168쪽

How to Make

01

원단의 중앙에 도안을 옮겨 그리고 수틀에 끼워 준비합니다.

TIP 작은 사이즈의 수틀이 없다면 먼저 수를 완성한 뒤 원단을 재단하는 게 편합니다.

02

백 스티치로 글자를 먼저 수놓습니다.

03

아웃트라인 스티치로 라벤더 줄기를 수놓습니다.

04
프렌치 노트 스티치로 라벤더 꽃을 수놓습니다.

TIP 세 가지 색상이 자연스럽게 연결되도록 수를 놓으면 그러데이션 효과를 낼 수 있습니다.

05
완성된 라벤더에 스트레이트 스티치로 줄기를 묶은 끈 모양을 표현해줍니다.

06
네 변 모두 시접을 0.5cm씩 접어 넣습니다. 끈이 들어갈 자리에 끈을 넣어 고정시킨 뒤 a와 b를 공그르기해줍니다.

07
이때 끈이 사각 주머니에 고정될 수 있도록 실로 끈을 통과해서 공그르기해줍니다.

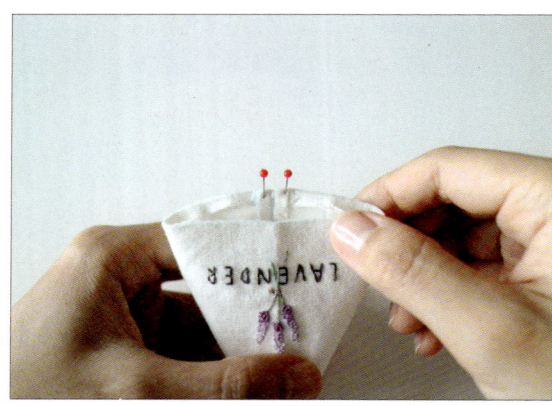

08
아랫변의 겹쳐진 시접을 양쪽으로 나눠 시침핀으로 고정(가름솔)시키고, 라벤더 포푸리를 채워 넣습니다.

09
시침핀으로 마주할 변을 고정시키고 공그르기하면 완성입니다.

북커버

*

지하철이나 카페 같은 공공장소에서 책을 읽을 때
가끔 읽고 있는 책의 제목이 보이는 게 신경 쓰일 때가 있어요.
그럴 때를 위해 나만의 북커버를 만들어보는 건 어떨까요?
책 표지에 때가 묻거나 구겨지는 일도 덜어줄 테니
아끼는 책이나 매일 사용하는 다이어리를 위해서도 좋을 것 같아요.

원단 내추럴 리넨(책에서 사용된 원단의 크기는 41×21cm 2장)
도안 170쪽

How to Make

01
원단에 도안을 그리고 수틀에 끼워 준비합니다. 스플릿 스티치로 크루아상 도안을 수놓아 채워줍니다.

TIP 3862(2)/167(1) 두 가지 색의 실을 섞어 수를 놓으면 자연스러운 색상을 표현할 수 있습니다.

02
크루아상 빵이 나눠지는 부분을 아우트라인 스티치로 수놓습니다.

03
새틴 스티치로 버터나이프를 수놓습니다.

04

아우트라인 스티치로 접시의 동그란 라인을, 스트레이트 스티치로는 그릇의 양옆 손잡이 부분을 수놓습니다. 커피잔은 백 스티치로 수놓습니다.

05

스플릿 스티치로 커피잔의 커피를 채워줍니다.

06

백 스티치로 책을 수놓고, 책 안의 글자도 같은 기법으로 표현해줍니다.

07

백 스티치와 아우트라인 스티치로 글자 도안을 수놓아 완성합니다.

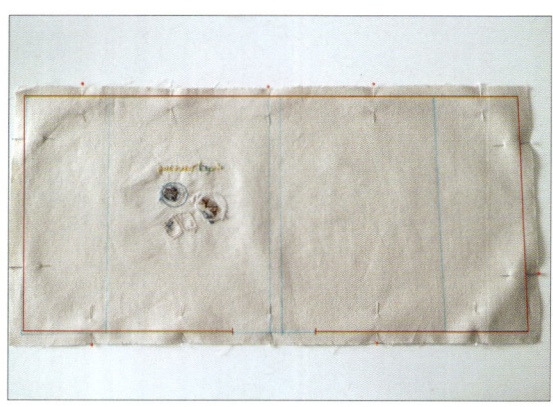

08

두 원단의 겉면이 마주 보도록 포개 놓고 시침핀으로 고정한 뒤 창구멍을 제외하고 박음질합니다.

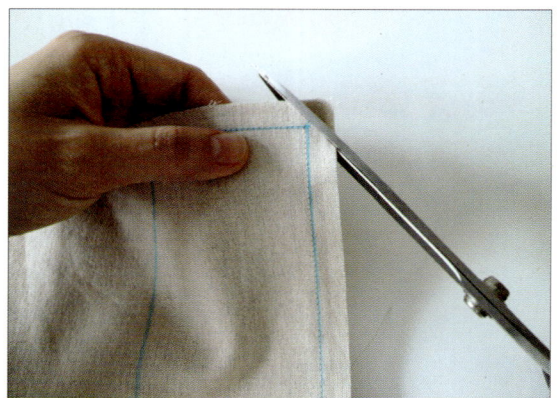

09

모서리는 사선으로 잘라내고, 창구멍을 통해 뒤집어 줍니다.

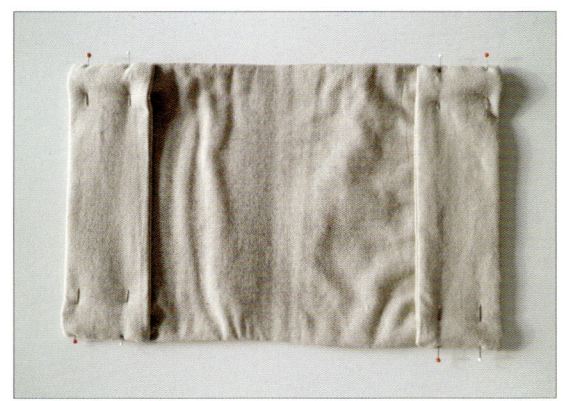

10
아래쪽 창구멍을 공그르기하고, 양옆을 안으로 접어 넣은 후 위아래 부분을 공그르기로 고정시켜 완성합니다.

북마크

✽

책을 읽을 때 책갈피를 옆에 내려놓았다가 자꾸 잃어버리곤 합니다.
책 한 귀퉁이를 접어놓는 방법은 자국이 남는 것이 싫어서
자석을 넣어 책갈피를 만들어보았어요.
책을 읽을 땐 표지에 붙여놓을 수 있으니 잃어버릴 염려도 없고
직접 만든 소중한 책갈피와 함께하니
독서 시간이 더 특별하게 느껴진답니다.

원단 스트라이프 코튼 3.5×15.5cm 2장(시접 0.5cm 포함), 접착솜(2온스) 2.5×14.5cm
부자재 원형자석 지름 10mm×두께 1mm 2개
도안 171쪽

How to Make

01
원단에 도안을 옮겨 그린 후 수틀에 끼워 준비합니다.

TIP 작은 사이즈의 수틀이 없다면 안내된 사이즈보다 크게 재단한 후 수틀에 끼워 수를 완성하세요. 그다음 알맞은 사이즈로 재단하면 됩니다.

02
아우트라인 스티치와 새틴 스티치로 자수를 완성합니다.

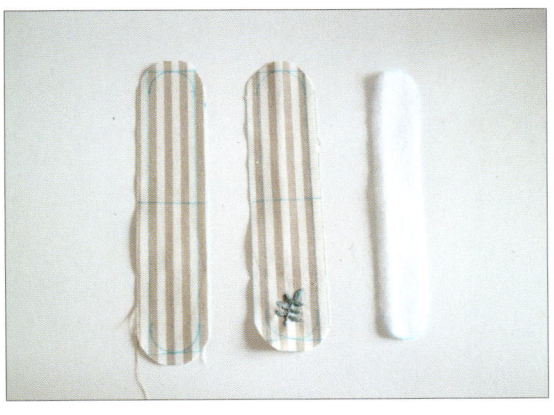

03
북커버의 앞면과 뒷면이 될 원단과 접착솜을 재단하여 준비합니다.

TIP 접착솜은 시접이 필요 없습니다.

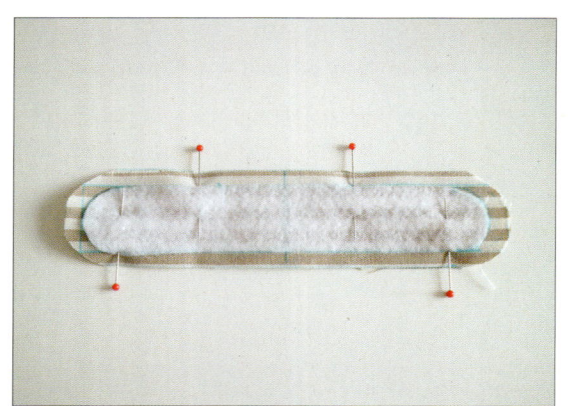

04

두 원단의 겉면이 마주 보도록 포개 놓고 그 위에 접착솜을 부착합니다. 원단을 시침핀으로 고정시킨 뒤 창구멍을 제외하고 박음질합니다.

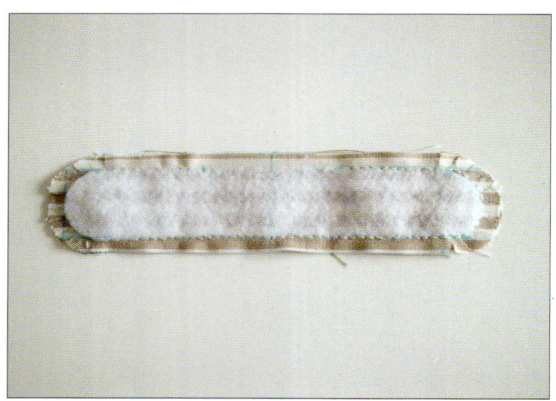

05

양끝의 곡선 부분에 가위집을 내줍니다.

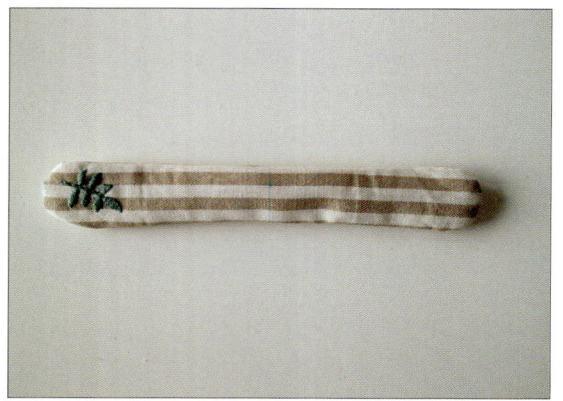

06

창구멍을 통해 뒤집어줍니다.

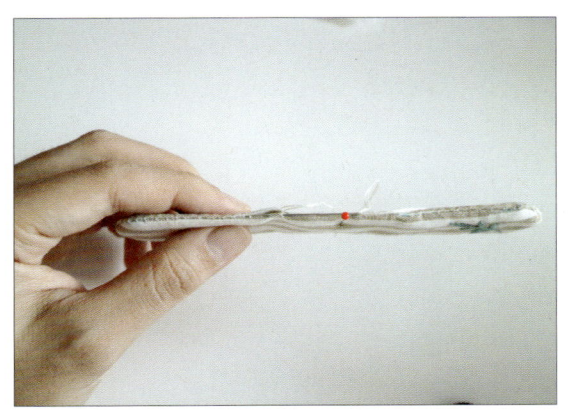

07

창구멍을 통해 양쪽 끝에 동그란 자석을 하나씩 넣어줍니다. 양쪽이 서로 잘 붙는지 확인한 뒤 자석이 움직이지 않도록 러닝 스티치로 살짝 고정한 후 공그르기로 마무리합니다.

아무리 먹고 사는 게 바빠도
평생 가꾸고 싶은 취미 하나씩은 있지요?

할머니의 옷장 안에 있을 법한 바구니 안에 담긴
수틀과 핀쿠션 그리고 앤틱한 느낌의 가위……
예쁜 자수 용품들은 가지고 있는 것만으로도 뿌듯합니다.
프랑스 자수는 실, 바늘, 가위 그리고 수놓을 원단만 있으면
언제 어디서나 즐길 수 있는 취미지요.
먼 훗날 할머니가 되어서도
따뜻한 햇볕이 내리쬐는 창가에 앉아 예쁜 수를 놓는 내 모습을
상상해보면 사는 게 바쁘고 정신없다고 해도
결코 손에서 놓고 싶지 않은 소중한 취미입니다.

메르씨 손거울

✻

가방 속에 늘 지니고 다니게 되는
휴대용 손거울을 정성껏 만들어보았습니다.
노란 미모사가 수놓인 손거울은
꺼내 볼 때마다 기분이 좋아질 것만 같습니다.
오늘 하루도 열심히 사는 나에게, 또 곁에서 힘이 되어주는 사람들에게
'merci'라는 문구로 감사한 마음을 담아봅니다.

원단　내추럴 리넨 15×15cm
부자재　반제품 손거울
도안　172쪽

How to Make

01
원단에 도안을 옮겨 그리고 수틀에 끼워 준비합니다.

02
체인 스티치로 글자 도안을 먼저 수놓습니다.

TIP 손거울을 만들 때 매듭을 너무 크게 지으면 완성 후 매듭 부분이 튀어나오니 너무 크지 않게 매듭을 짓고 시작합니다.

03
아우트라인 스티치로 줄기를 먼저 수놓고, 스트레이트 스티치로 잎을 수놓습니다.

04

프렌치 노트 스티치를 2회씩 감아 미모사 꽃을 자연스럽게 표현합니다.

05

완성된 자수 위에 손거울의 윗면을 올려놓고 수성펜으로 따라 그려줍니다.

TIP 완성된 자수가 원의 중심에 올 수 있도록 위치를 잘 맞춰서 그립니다.

06

수성펜으로 그린 선에서 2cm 정도의 시접을 남기고 가위로 잘라줍니다.

07
원단과 비슷한 색상의 자수실 6가닥을 끼워 수성펜으로 그린 선에서 1cm쯤 떨어진 위치에 러닝 스티치를 놓습니다.

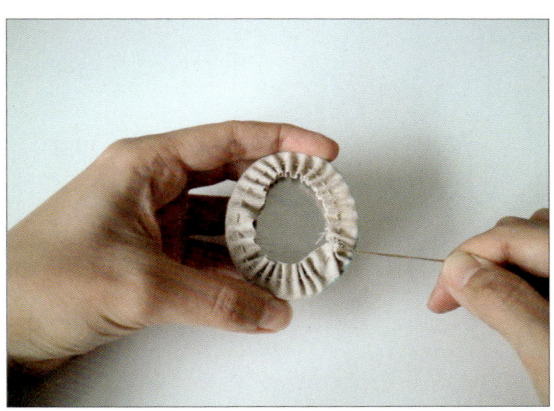

08
거울의 윗판을 넣고 힘 있게 실을 당겨 오므려준 뒤 매듭을 2~3번 단단하게 지어 마무리합니다.

09
글루건을 이용해 손거울에 붙여 완성합니다.

PART 02

요즘 너무 지쳤어, 힐링 자수

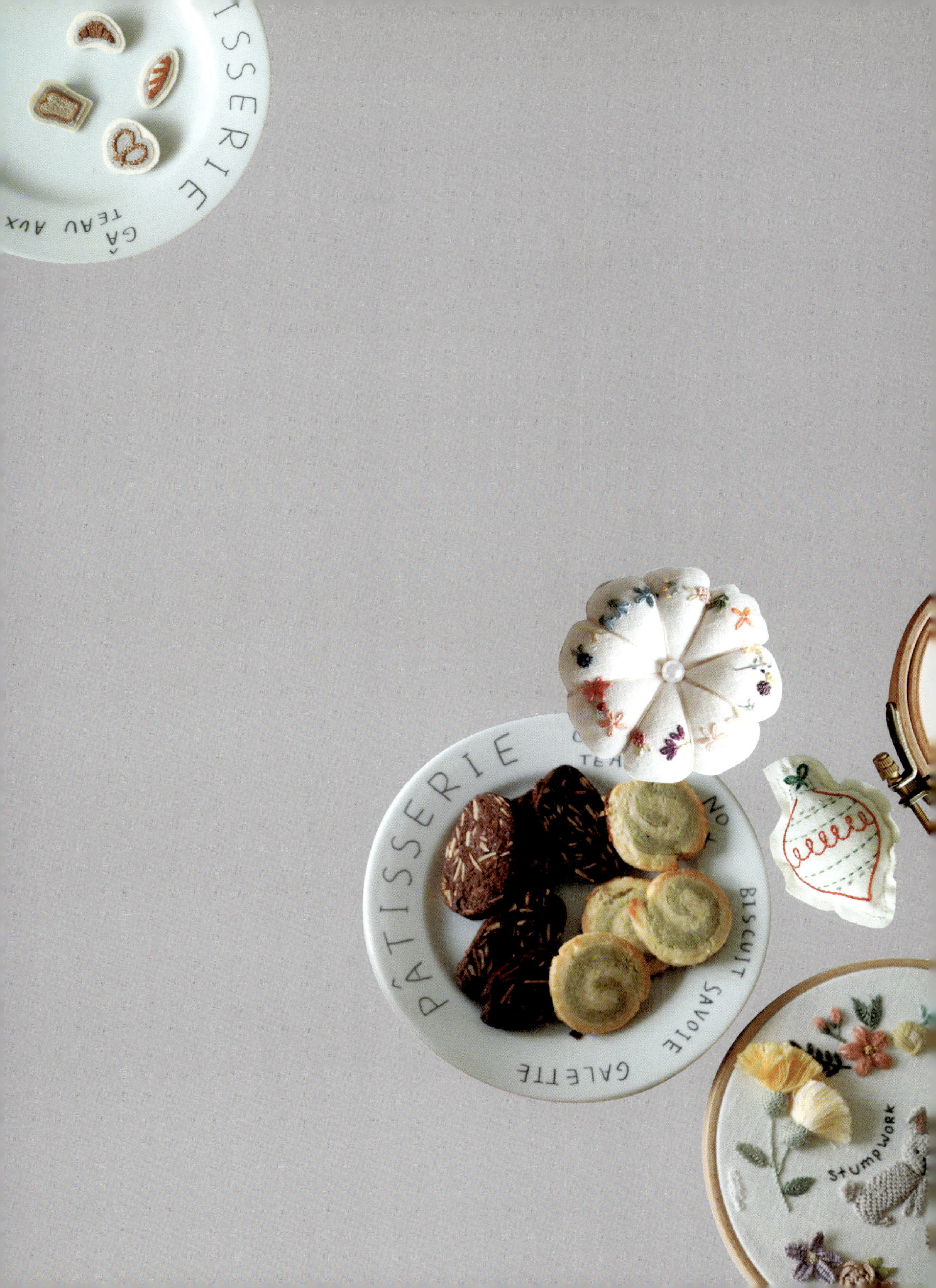
PÂTISSERIE
BISCUIT
SAVOIE
GALETTE
stumpwork

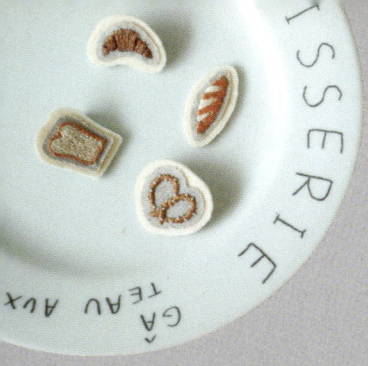

호박 핀쿠션

*

자수를 시작할 때 꼭 필요한 소품 중 한 가지가
핀쿠션이 아닐까 싶어요.
정성껏 만든 핀쿠션이 들어 있는 나만의 바느질함은
보고만 있어도 기분이 좋아지지요.
작고 예쁜 핀쿠션과 함께하며 수를 놓는 시간은
지친 일상에 작은 위로가 되어줄 거예요.

원단   화이트 리넨 15×15cm 2장
부자재 구름솜, 진주구슬
도안   173쪽

How to Make

01

원단에 도안을 옮겨 그리고 수틀에 끼워 준비합니다.

02

도안을 참고하여 각각의 스티치로 도안에 수를 놓습니다.

03

수틀의 안쪽을 이용하여 수성펜으로 원을 그려줍니다.

TIP 이 책에서 사용한 수틀은 10.5cm입니다.

04
두 원단의 겉면이 마주 보도록 포개 놓고 시침핀으로 고정시킵니다.

05
선을 따라 창구멍을 제외하고 박음질합니다.

06
시접을 1cm 정도 남기고 원단을 자릅니다. 곡선을 따라 가위집을 내줍니다.

TIP 창구멍이 있는 부분에는 가위집을 너무 깊지 않게 내주어야 합니다.

07

창구멍을 통해 뒤집어줍니다.

08

창구멍으로 구름솜을 밀어 넣습니다.

09

창구멍을 공그르기로 막아줍니다.

10

6가닥의 실을 60cm 정도 길이로 자른 후 여러 번 매듭짓습니다.

11

수성펜으로 중심점을 표시합니다. 그다음 6가닥의 실을 끼운 바늘로 가운데를 통과시킨 후 실을 세게 당겨줍니다.

12

같은 방법으로 계속 아래에서 위로 바늘을 통과시켜 8등분으로 나눕니다.

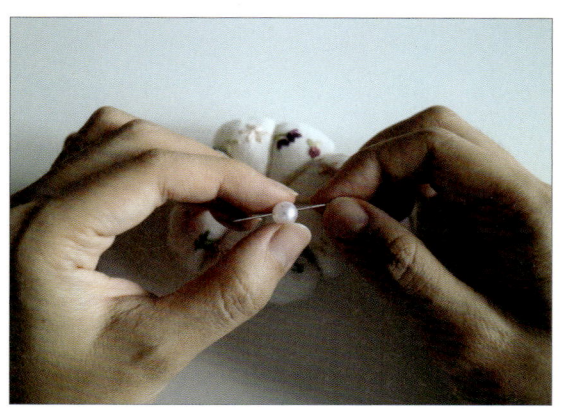

13
8등분으로 핀쿠션을 모두 나누었으면 준비한 구슬을 끼워 핀쿠션 아래로 바늘을 내리 꽂고 실을 단단히 당겨줍니다.

14
핀쿠션 아래쪽에 3~4회에 걸쳐 매듭을 단단히 짓고 실을 잘라주면 완성입니다.

메이슨자 핀쿠션

✳

주방에서 사용하는 메이슨자로 핀쿠션을 만들어보았어요.
윗부분은 핀쿠션으로 사용하고
아랫부분은 작은 소품을 수납할 수 있어서
사용하는 내내 흐뭇한 미소가 지어지지요.
다양한 사이즈의 메이슨자를 이용해서 만들어두면
작업 공간이 더 빛날 것 같아요.

원단   스트라이프 코튼 15×15cm 1장
부자재 메이슨자(뚜껑이 분리되는 유리병)
도안   173쪽

How to Make

01
지름 12cm의 원 모양으로 재단한 원단에 도안을 옮겨 그리고 수틀에 끼워 준비합니다.

02
새틴 스티치로 자수를 완성합니다.

03
사진을 참고하여 시접을 1cm 정도 남긴 위치에 러닝 스티치를 놓습니다.

04

매듭짓지 않은 상태로 실과 바늘을 그대로 둔 채 수놓은 겉면이 아래로 향하도록 원단 – 솜 – 뚜껑 순서로 놓습니다.

05

한 손으로 원단을 움켜잡고 바늘이 끼워진 실을 당기며 원단을 오므려줍니다.

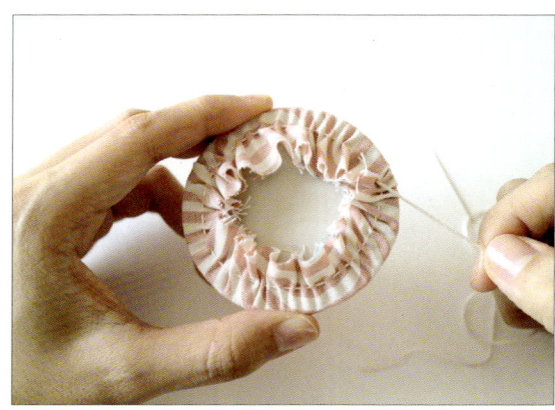

06

솜이 모두 들어가도록 정리하며 팽팽하게 당긴 뒤 단단하게 매듭짓습니다.

TIP 매듭짓기 전에 뚜껑을 미리 덮어 솜의 양이 적당한지 확인합니다. 원하는 핀쿠션 높이에 맞춰 솜의 양을 가감합니다.

07
고리로 된 뚜껑을 덮은 뒤 돌려 닫아주면 완성입니다.

08
함께 수록된 도안으로 다양한 크기의 메이슨자 핀쿠션을 만들어보세요.

런치백

✲

간단한 도시락이나 샌드위치 등을 넣어 다니기 좋은 런치백이에요.
예쁜 자전거에 바게트 한 개 챙겨 넣고 공원에 앉아
여유롭게 책을 읽는 모습을 상상하며 만들어보았어요.
예쁜 런치백과 함께 감성 가득한 피크닉을 즐겨보세요.

원단   내추럴 리넨
도안   174쪽

How to Make

01
원단에 도안을 옮겨 그리고 수틀에 끼워 준비합니다.

02
자전거의 몸체 부분을 체인 스티치로 수놓습니다.

03
아웃라인 스티치로 바퀴 부분을 수놓습니다.

TIP 자전거의 몸체와 겹치는 부분은 건너뛰고 수를 놓습니다. 이때 아웃라인 스티치는 곡선 표현을 위해 땀을 촘촘하게 합니다.

04
자전거 손잡이와 안장은 새틴 스티치로, 바구니는 아우트라인 스티치로 수놓습니다.

05
바구니 안에 담긴 바게트와 바게트가 담긴 종이봉투를 수놓습니다.

06
체인 스티치로 글자를 수놓아 완성합니다.

07
올 풀림 방지를 위해 원단의 끝부분을 오버로크 처리합니다.

TIP 재봉틀이 없다면 세탁소에 맡겨도 괜찮습니다.

08
선으로 표시된 부분을 박음질합니다.

09
박음질한 부분의 시접을 가름솔하여 선으로 표시된 부분을 박음질합니다.

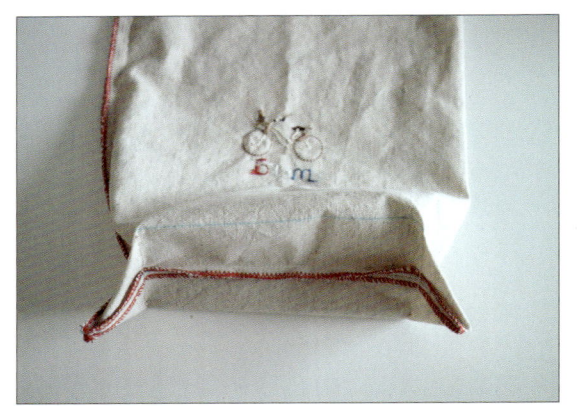

10

양쪽 모두 바닥 부분을 박음질한 뒤 뒤집어주면 완성입니다.

마음이 지칠 때는 그저 고운 선을 따라 수를 놓아요.

향긋한 커피 한 잔과 바삭한 쿠키.
잔잔한 음악을 들으며 한 땀 한 땀 수를 놓는 시간은
온전히 나를 위한 것입니다.
그렇게 수를 놓다 보면
성났던 마음, 복잡했던 머릿속이 차분해지고
곱게 놓아진 수를 따라 눈도 마음도 즐거워집니다.
자수는 매일 매일 반복되는 일상에 문득 마음이 지칠 때
작은 활력소가 되어주는 참으로 고마운 취미입니다.

휴대용 티슈 케이스

✱

아이와 함께 외출할 때 꼭 챙겨야 하는 게 있다면 바로 티슈일 거예요.
가방 속에 휴지가 없어서 당황스러웠던 적이 한두 번이 아니거든요.
주유소에서 주는 여행용 티슈를 조금 더 예쁘게 휴대할 수 있도록
케이스를 만들어보았어요.
정성스레 만든 예쁜 케이스 덕분에 잊지 않고 챙겨 다닐 수 있을 것 같아요.

원단 민트색 리넨 33.5×19.5cm 1장
도안 172쪽

How to Make

01
원단에 도안을 옮겨 그리고 수틀에 끼워 준비합니다.

02
피쉬본 스티치로 도안을 따라 나뭇잎을 수놓습니다.

03
프렌치 노트 스티치로 포인트를 주어 열매를 수놓습니다.

04
재단한 원단의 위쪽과 아래쪽을 각각 1.5cm 시접으로 두 번 말아 접어 시침핀으로 고정합니다.

05
말아 접기한 시접을 고정시키기 위해 아래쪽에서 1~2mm 위쪽을 홈질합니다.

06
원단을 접어 입구가 될 부분끼리 겹치도록 놓은 뒤 시침핀으로 고정합니다.

TIP 박음질이 끝난 후 뒤집어야 하므로 뒷면이 될 부분이 앞으로 오도록 합니다.

07
양쪽 옆면을 박음질합니다.

08
입구를 통해서 뒤집으면 완성입니다.

약통 파우치

✽

여행 갈 때 비타민이나 두통약 등 상비약을
담아 가지고 다니기 좋은 약통 파우치예요.
캔버스 소재의 반제품 파우치에
용도에 어울리는 도안을 수놓아 만들어보았어요.
이렇게 만든 파우치에 작은 물건들을 넣으면 가방 속 정리도 수월해지고,
필요한 물건을 금방 찾을 수 있어 좋은 것 같아요.

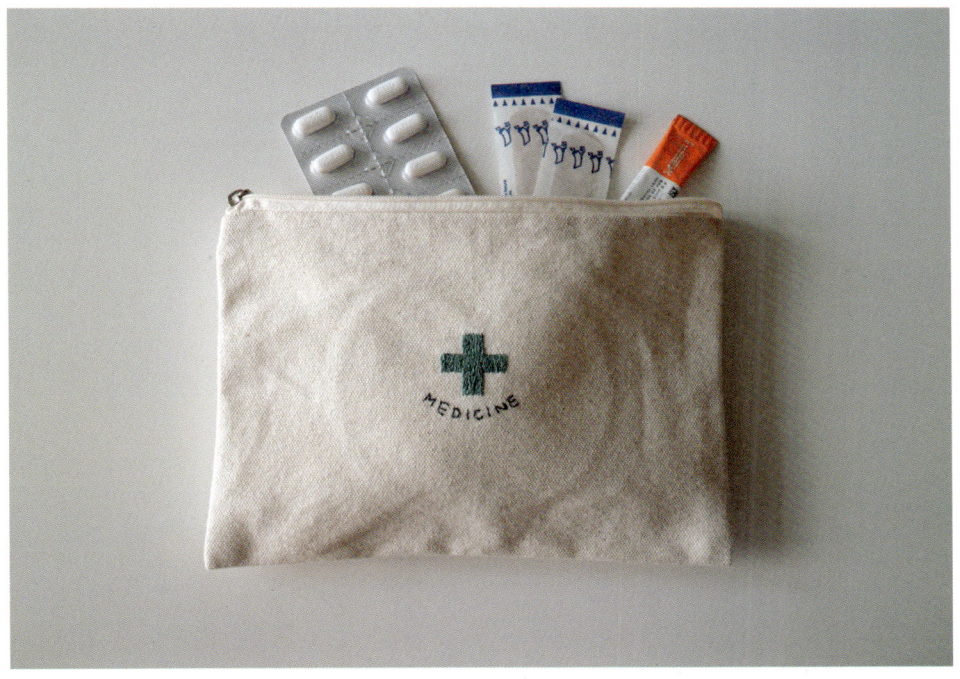

원단   캔버스 소재의 반제품 파우치(책에 사용된 제품은 21.5×14cm)
도안   174쪽

How to Make

01

먹지를 이용해 반제품 파우치에 도안을 옮겨 그립니다.

02

수틀에 끼우기 위해 파우치 안에 수틀 안쪽을 넣습니다.

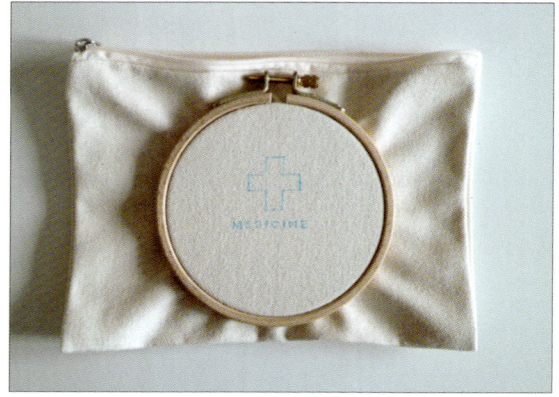

03

수놓을 위치에 맞게 수틀을 끼워줍니다.

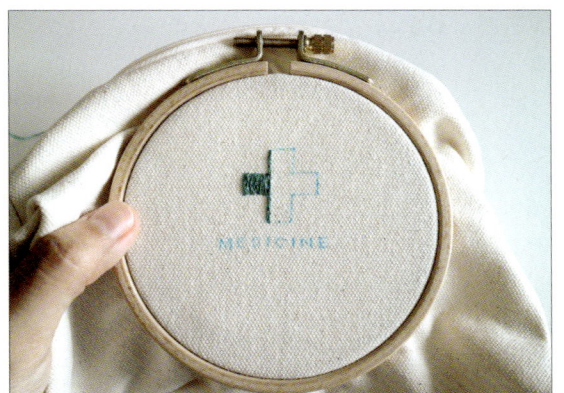

04

스플릿 스티치로 십자가 모양을 채웁니다.

05

백 스티치로 글자 도안을 따라 수놓아 완성합니다.

TIP 십자자 모양 외에 도안에 있는 알약 모양으로 자수를 놓을 수 있습니다.

캠핑 플래그

✽

캠핑을 더 즐겁게 만들어줄 캠핑 플래그를 만들어봤어요.
남편의 성을 따라 '백씨네'라는 문구를 넣었지요.
이렇게 우리 가족의 특징이나 별칭 등을 넣어 만들면
조금 더 특별한 캠핑 플래그가 될 것 같아요.
직접 만든 캠핑 플래그로 평범한 텐트에 특별함을 더해보세요.

원단 백아이보리 리넨 30×30cm
부자재 뉴송목봉 8mm(길이 300mm)
도안 175쪽

How to Make

01
원단에 도안을 옮겨 그리고 수틀에 끼워 준비합니다.

02
도안의 폰트 부분 중 선은 아우트라인 스티치로, 면은 새틴 스티치로 수놓습니다.

03
스플릿 스티치로 텐트 도안의 면을 채워줍니다.

04
스플릿 스티치로 텐트를 다 수놓은 뒤 스트레이트 스티치로 텐트의 위와 옆 부분에 있는 나무봉을 수놓습니다.

05
텐트 왼편의 나무들을 스트레이트 스티치로 수놓습니다.

06
텐트 오른쪽 위에 있는 달 도안을 새틴 스티치로 수놓습니다.

07
모닥불 안쪽의 노란색 불꽃은 피쉬본 스티치로, 바깥쪽 빨간색 불꽃은 새틴 스티치로 수놓습니다.

08
스플릿 스티치, 아우트라인 스티치로 의자를 수놓고, 새틴 스티치와 체인 스티치로는 음표 도안을 수놓습니다.

09
컵은 스플릿 스티치로 채우고, 손잡이는 체인 스티치로 수놓습니다. 컵의 테두리는 아우트라인 스티치로, 커피는 새틴 스티치로 하면 됩니다.

10
아우트라인 스티치로 나뭇잎 줄기 부분을, 레이지 데이지 스티치와 스트레이트 스티치로 나뭇잎을 수놓아 수를 완성합니다.

11
책에 안내된 치수대로 시접을 포함하여 재단합니다.

12
원단 끝의 올 풀림 방지를 위해 1cm씩 두 번 말아 접어서 시침핀으로 고정시킵니다.

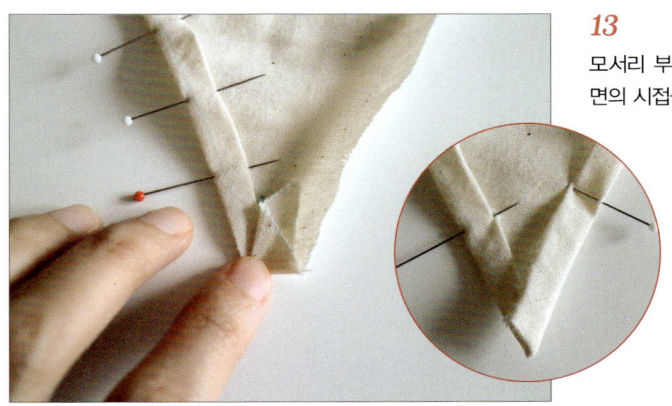

13
모서리 부분은 시접만큼 안으로 접어 올린 뒤 다른 면의 시접을 말아 접기하여 깔끔하게 마무리합니다.

14
윗부분은 목봉이 들어갈 수 있도록 2cm를 말아 접어 시침핀으로 고정시킨 뒤 빨간 선으로 표시한 부분을 박음질로 완성합니다.

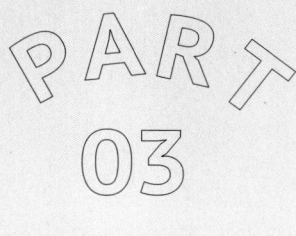

세상에서 제일 따뜻한
우리 집에 놀러올래?

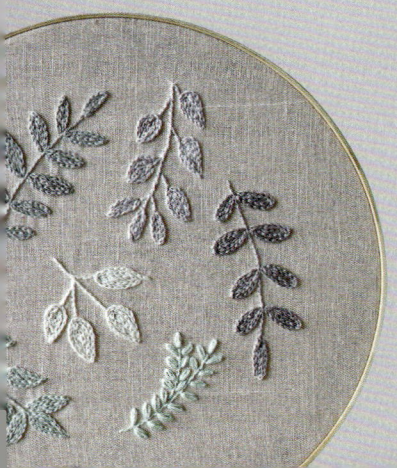

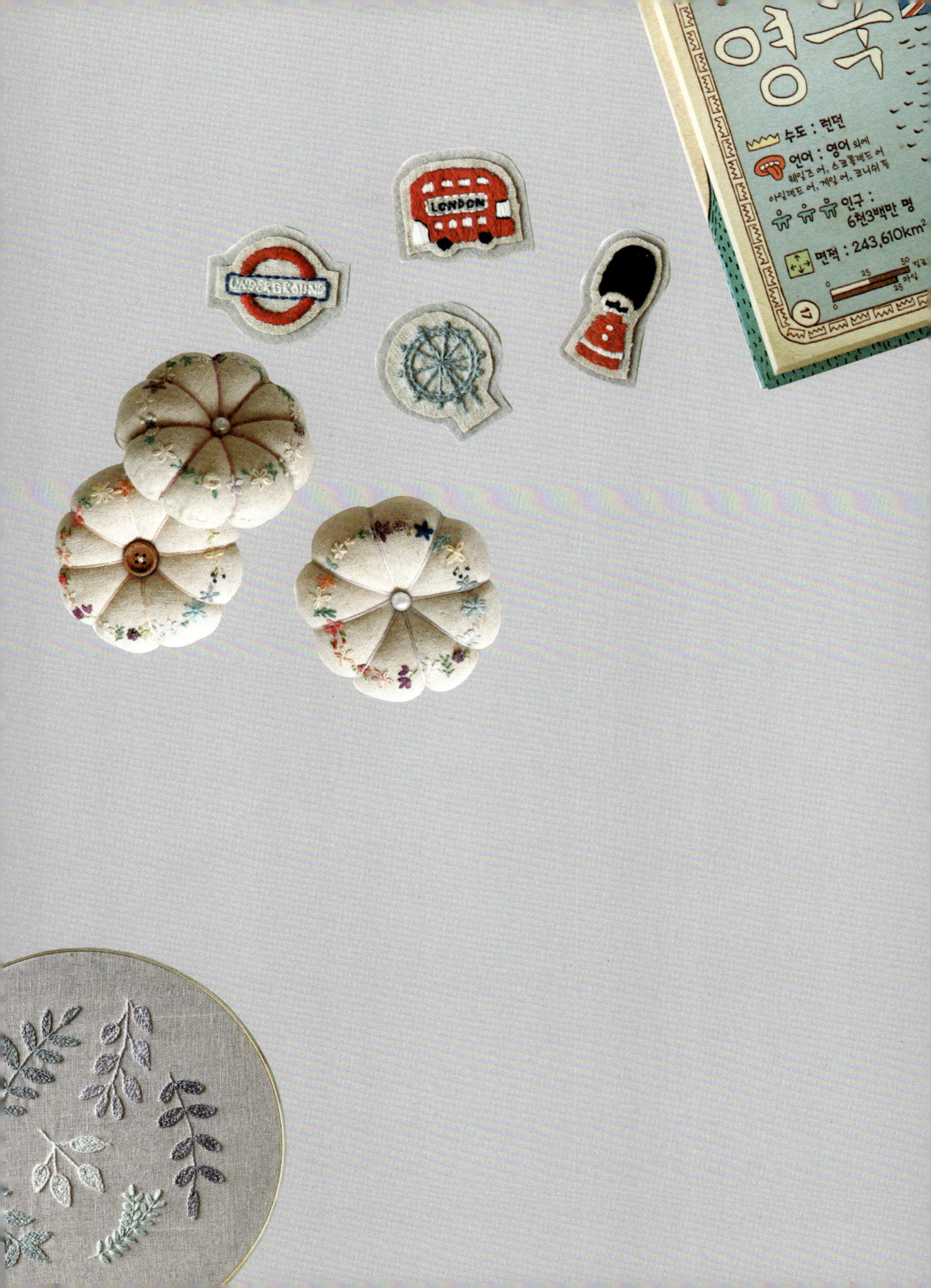

영국
수도 : 런던
언어 : 영어 외에 웨일즈 어, 스코틀랜드 어 아일랜드 어, 게일 어, 코니쉬 등
인구 : 6천3백만 명
면적 : 243,610km²
LONDON
UNDERGROUND

코스터

*

무더운 여름철 시원한 아이스 음료를 마실 때
꼭 필요한 컵받침이에요.
차가운 컵을 타고 흘러내리는 물로
테이블이 엉망이 되지 않도록 도와주는 기특한 아이템이지요.
상큼한 과일이 수놓인 컵받침과 함께 즐거운 티타임을 가져보면 어떨까요?

원단 내추럴 리넨 11×11cm 각 2장씩
도안 176~177쪽

How to Make

01

원단에 도안을 옮겨 그리고 수틀에 끼워 준비합니다.

TIP 롱앤숏 스티치를 쉽게 하기 위해 채울 부분을 5등분 정도로 나누어 수성펜으로 선을 그려줍니다.

02

수성펜으로 그린 선에 맞추어 롱앤숏 스티치로 수박을 채웁니다.

03

세 번째 칸까지 롱앤숏 스티치로 수놓습니다.

04

실 색깔을 바꾸어 나머지 두 칸을 롱앤숏 스티치로 수놓습니다.

TIP 실 색깔을 바꾸면 롱앤숏 스티치로 그러데이션 효과를 줄 수 있습니다.

05

수박 껍질의 하얀 부분은 체인 스티치로, 초록 부분은 아우트라인 스티치로, 수박씨는 스트레이트 스티치로 수놓아 완성합니다.

06

레몬은 체인 스티치로 채우되 레몬 도안의 바깥쪽 테두리부터 수놓습니다.

07
서양배 도안도 레몬 도안과 같은 방법으로 하면 됩니다. 스플릿 스티치로 테두리 부분부터 수놓아 면을 채워줍니다.

08
컵받침을 만들기 위해 시접을 1cm 정도 남기고 재단한 뒤 겉면이 마주 보도록 포개 놓습니다.

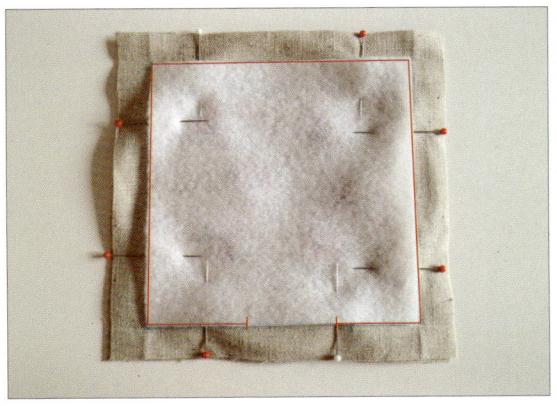

09
시침핀으로 두 원단을 고정시킨 뒤 창구멍을 제외하고 모두 박음질합니다.

10
박음질한 선을 피해 모서리 네 곳을 잘라줍니다.

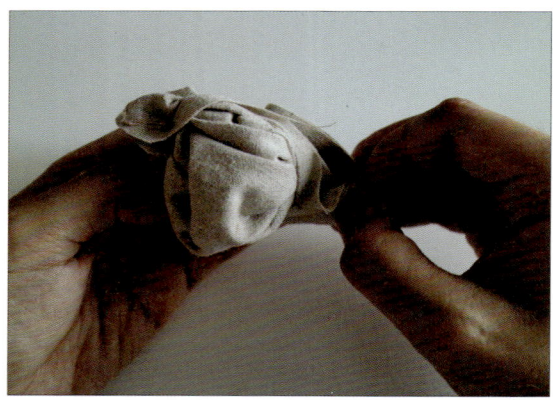

11
창구멍을 통해 뒤집어줍니다.

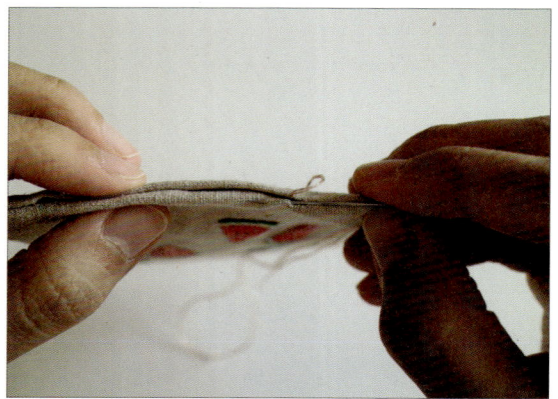

12
창구멍의 시접을 정리하고 공그르기로 마무리합니다.

베개 커버

✽

남편과 똑같은 베개 커버를 씌워 사용하다 보니
서로의 베개가 수시로 바뀌곤 해요.
베개가 서로 바뀌지 않도록 구분하고 싶어서
'HIS, HERS'라는 문구를 수놓아보았어요.
밋밋했던 침구에 포인트가 되기도 하고 더 이상 베개가 바뀔 일이 없으니
위생적이기도 해서 너무나 만족스럽게 사용 중이랍니다.

원단 　베개 커버(책에 사용된 커버는 43×63cm)
도안 　178쪽

How to Make

01

베개 커버에 도안을 옮겨 그리고 수틀에 끼워 준비합니다.

02

도안을 따라 체인 스티치로 모든 획에 두 줄씩 수놓습니다.

03

아래에서 위로 올라가며 수를 놓아 완성한 뒤, 다시 반대 방향으로 내려오며 체인 스티치를 수놓습니다.

04
같은 방법으로 준비된 베개 커버에 도안을 옮겨 그리고 수틀에 끼워줍니다.

05
체인 스티치로 두 줄씩 도안을 따라 수놓습니다.

06
곡선 부분은 수틀을 돌려 잡아가며 수를 놓으면 수월합니다.

07
완성된 모습입니다.

티슈 케이스

✳

하루도 빠짐없어 매일 쓰게 되는 티슈를
예쁘게 감춰주는 티슈 케이스예요.
어떤 공간에 놓아도 어울리도록 만들고 싶어서
심플한 그레이 컬러의 펠트 원단에,
보고 있으면 흐뭇한 미소가 지어지는 양 두 마리를 수놓아보았어요.

원단　펠트 소재의 완제품 티슈 케이스(책에 사용된 케이스 13.5×13.5cm)
도안　177쪽

How to Make

01

티슈 케이스에 도안을 옮겨 그립니다.

TIP 펠트는 두께가 두껍기 때문에 도안을 그릴 때 힘 있게 눌러 그려야 도안이 옮겨집니다.

02

연하게 그려진 부분은 수성펜으로 덧그려 수놓을 도안을 완성합니다.

03

도안을 따라 아래의 그림처럼 한 칸씩 체인 스티치로 채워줍니다.

04
양의 얼굴과 귀는 스플릿 스티치로 수놓습니다.

05
다른 양 한 마리도 동글동글 한 칸씩 체인 스티치로 수놓습니다.

06
스플릿 스티치로 양의 다리를 수놓아 티슈 케이스를 완성합니다.

쿠션 커버

*

예쁜 화분들로 인테리어를 완성하고 싶은데
식물을 키운다는 게 생각보다 쉽지 않았어요.
초록의 생기를 줄 만한 다른 방법이 없을까 생각하다가
소품에 식물 그림을 더하는 방법을 찾아냈지요.
사계절 내내 푸릇푸릇 싱그러움을 느낄 수 있는 쿠션 커버로
집안을 장식해보면 어떨까요?

원단 리넨 소재의 완제품 쿠션 커버(책에 사용된 케이스 40×40cm)
도안 178쪽

How to Make

01
준비한 쿠션 커버에 도안을 옮겨 그립니다. 쿠션 커버 지퍼 안으로 수틀 안쪽을 넣어 수틀에 쿠션 커버를 끼워 준비합니다.

02
아우트라인 스티치로 줄기 부분을 먼저 수놓습니다.

03
체인 스티치로 잎사귀를 수놓습니다. 테두리를 먼저 수놓고 안쪽을 채워줍니다.

04
도안을 따라 체인 스티치로 잎사귀를 완성합니다.

05
'레이지데이지 스티치 + 스트레이트 스티치'로 표기된 부분은 레이지데이지 스티치를 완성한 뒤 그 위를 스트레이트 스티치 한 땀으로 덮어 완성합니다.

06
도안을 참고하여 뾰족하게 그려진 잎사귀는 체인 스티치로 잎사귀 끝을 뾰족하게 수놓습니다.

07
나머지 도안도 아우트라인 스티치로 줄기를, 체인 스티치로 잎사귀를 수놓아 완성합니다.

08
수놓은 쿠션 커버에 맞는 사이즈의 쿠션 솜을 채워 넣어 쿠션을 완성합니다.

트래블 마그넷

✱

여행지에 가면 나중에 그 순간을 떠올리게 할 예쁜 기념품을 찾아 헤매게 됩니다.
그렇게 사 온 기념품들은 어느새 쌓이고 쌓여
집 안 구석에서 골칫덩이 신세가 되기도 하지요.
그래서 꼭 필요한 아이템인 냉장고 마그넷을
여행을 추억할 수 있는 상징적인 것들로 만들어보았습니다.
만들면서 여행을 추억할 수 있고, 추억을 담아 손수 만든 물건이라
두고두고 사용하면서도 더 뜻깊은 물건이 될 것 같습니다.

원단 오트밀 컬러 리넨 20×20cm
부자재 펠트 25×25cm, 원형 자석 4개(지름 1.5cm)
도안 179쪽

How to Make

01

원단에 도안을 옮겨 그리고 수틀에 끼워 준비합니다.

02

'Underground' 표지판 모양의 도안의 동그란 테두리 부분을 새틴 스티치로 수놓습니다.

03

새틴 스티치를 마쳤으면 백 스티치로 중간 부분의 직사각형 모양을 수놓습니다.

04
글자 부분을 백 스티치로 수놓습니다.

TIP 이때 백 스티치로 수놓기에 너무 짧은 획은 스트레이트 스티치로 수놓습니다.

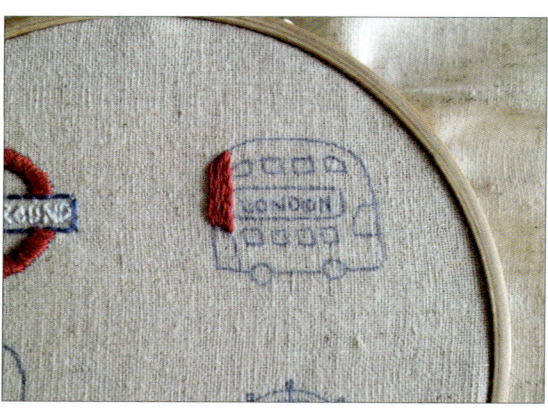

05
이층버스의 출입문과 창문, 'LONDON' 글자가 쓰인 부분을 제외한 나머지 버스의 면을 스플릿 스티치로 수놓습니다.

06
길게 채우는 부분은 스플릿 스티치로, 짧게 채우는 부분은 새틴 스티치로 수놓아 면을 채워줍니다.

07

빨간색 부분을 다 채운 뒤 출입문과 창문은 새틴 스티치로 수놓습니다. 가운데 'LONDON'이라고 수놓을 부분의 테두리는 백 스티치로 수놓고, 글자와 바퀴를 수놓아 완성합니다.

TIP 출입문과 운전석 창문 테두리는 스트레이트 스티치로 수를 놓아 구분 짓습니다.

08

근위병 모자는 스플릿 스티치로 테두리를 먼저 수놓은 뒤 세로 방향으로 채워줍니다.

09

얼굴 부분은 새틴 스티치로 수놓습니다.

10
아우트라인 스티치로 곡선을 살려 콧수염을 표현합니다.

11
허리 부분을 먼저 새틴 스티치로 수놓고, 나머지 옷 부분은 가로 방향으로 스플릿 스티치로 수놓습니다.

12
옷을 다 수놓은 뒤 프렌치 노트 스티치로 단추를 달아 완성합니다.

13

아우트라인 스티치로 원을 가로지르는 선들을 먼저 수놓습니다.

14

아우트라인 스티치로 원 모양을 수놓습니다.

TIP 먼저 수놓은 선 위로 지나가며 자연스럽게 겹치도록 합니다.

15

도안을 따라 프렌치 노트 스티치로 수놓아 완성합니다.

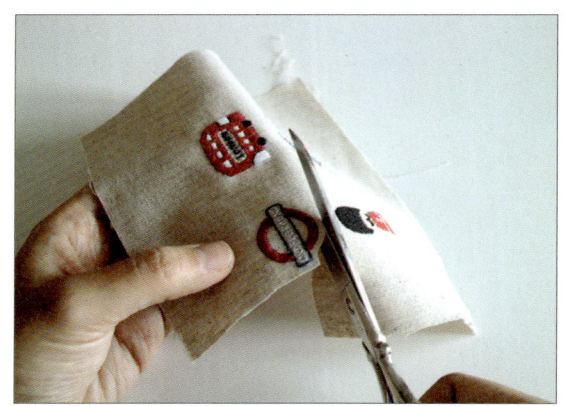

16
완성한 작품을 0.5cm 정도의 간격을 두고 가위로 잘라줍니다.

17
올이 풀리는 현상을 막기 위해 올 풀림 방지액을 테두리에 발라줍니다.

18
수예용 본드를 이용해 펠트에 수놓은 작품을 붙여 완성합니다.

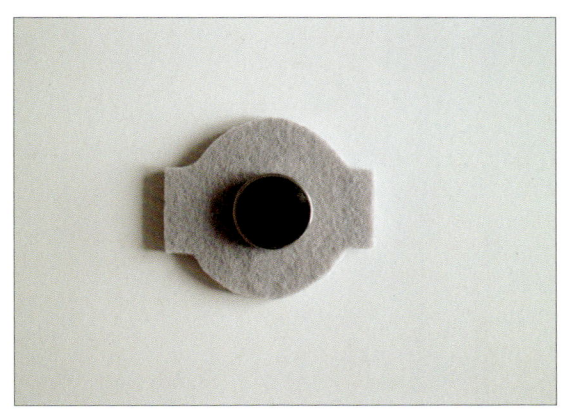

19

글루건으로 뒷면에 원형 자석을 붙이면 마그넷으로 사용할 수 있습니다.

TIP 자석 대신 브로치용 핀을 달면 브로치로도 사용 가능합니다.

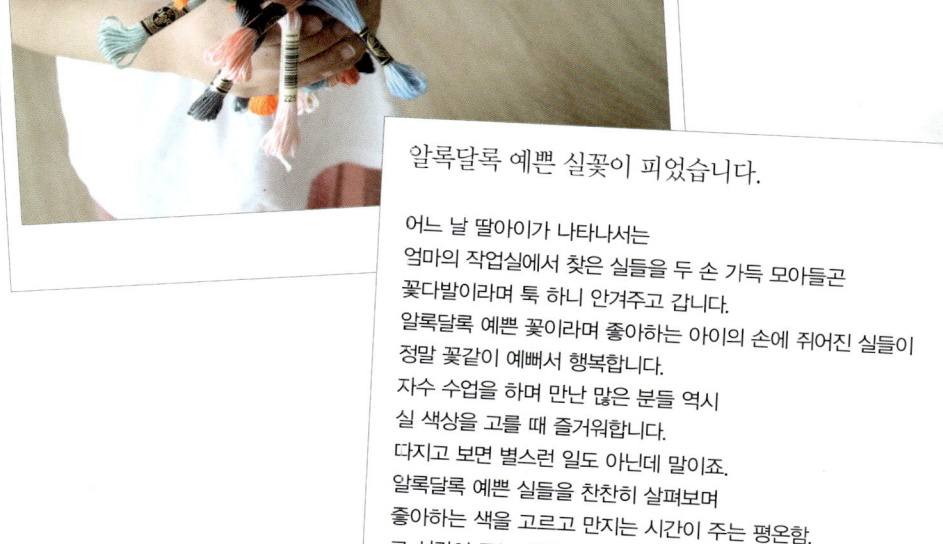

알록달록 예쁜 실꽃이 피었습니다.

어느 날 딸아이가 나타나서는
엄마의 작업실에서 찾은 실들을 두 손 가득 모아들곤
꽃다발이라며 툭 하니 안겨주고 갑니다.
알록달록 예쁜 꽃이라며 좋아하는 아이의 손에 쥐어진 실들이
정말 꽃같이 예뻐서 행복합니다.
자수 수업을 하며 만난 많은 분들 역시
실 색상을 고를 때 즐거워합니다.
다지고 보면 별스런 일도 아닌데 말이죠.
알록달록 예쁜 실들을 찬찬히 살펴보며
좋아하는 색을 고르고 만지는 시간이 주는 평온함.
그 시간이 주는 힐링 때문에 그리들 좋아하는 것이 아닐까 합니다.

PART 04

오래오래 행복해야 돼

웨딩카 자수 액자

✳

행복한 결혼식을 추억할 수 있는 선물로 어떤 게 좋을까
고민하다가 만들게 된 자수 액자예요.
많은 사람들에게 축복받으며 새로운 출발을 의미하는 웨딩카를 수놓아
신혼집에 장식해두면 자수액자를 볼 때마다 흐뭇해질 것 같아요.
웨딩카 아래에 이니셜이나 결혼기념일을 수놓아 선물하면
결혼기념일을 깜빡하는 불상사도 생기지 않아
여러모로 뜻깊은 선물이 될 거예요.

원단   오트밀 컬러 리넨 원단 15×15cm
부자재   원목 수틀 10.5cm, 수틀 테두리를 감쌀 리본 또는 울실
도안   180쪽

How to Make

01
원단에 도안을 옮겨 그리고 수틀에 끼워 준비합니다.

02
스플릿 스티치로 자동차 도안의 외곽선을 따라 수를 놓습니다.

03
스플릿 스티치의 결을 맞추어 한 방향으로 수놓아 도안의 면을 채워줍니다.

04
너무 작아서 스플릿 스티치로 채우기 어려운 자동차 아랫부분은 새틴 스티치로 수놓습니다.

05
자동차 아래 은색 부분도 새틴 스티치로 수놓습니다.

06
자동차 뒷면의 'Just Married' 글자를 백 스티치로 수놓고, 아웃라인 스티치로 윤곽선을 수놓아 마무리합니다.

TIP 글자를 수놓을 때 너무 짧은 획은 백 스티치 대신 스트레이트 스티치로 하면 더 편합니다.

07
프렌치 노트 스티치로 풍선 테두리를 먼저 수놓습니다.

08
프렌치 노트 스티치로 풍선을 채워 완성한 뒤 풍선이 달린 줄도 아우트라인 스티치로 수놓습니다.

09
자동차 바퀴와 등도 각각의 색상을 선택해 새틴 스티치로 수놓습니다.

10
완성한 웨딩카 아랫부분에 결혼기념일 또는 특별한 문구나 이니셜을 수놓아 세상에 하나밖에 없는 특별한 자수액자를 완성합니다.

11
수를 완성한 원단은 수틀에 끼운 채로 시접을 1.5cm 정도 남기고 자릅니다.

12
수틀의 안쪽 면에 양면테이프를 붙이고 원단을 조금씩 겹쳐 접어가며 수틀 안쪽에 깔끔하게 붙입니다.

13
가위로 접혀지면서 겹친 부분의 원단을 깔끔하게 정리합니다.

TIP 이때 수놓은 원단이 같이 잘리지 않도록 조심 또 조심 하세요.

14
수틀을 조금 더 장식하고 싶으면 리본 또는 울사를 이용해서 수틀을 감싸 장식할 수 있습니다.

15
장식한 수틀에 다시 안쪽 수틀을 끼워 수틀을 단단히 조이면 세상에 하나뿐인 웨딩카 자수액자 완성입니다.

키친 클로스

*

주방 한편에 놓아두기만 해도 멋스러운 키친 클로스예요.
테이블 세팅을 할 때 그릇 옆에 살포시 놓아도 좋고
설거지를 마친 그릇의 물기를 닦을 수도 있어
주방에서 유용하게 쓰이는 아이템이지요.
볼 때마다 기분이 좋아지는 문구를 수놓으니
주방에 있는 시간이 더 즐거워질 것 같아요.

원단 완제품 키친 클로스(책에 사용된 원단의 크기는 38×26cm)
도안 179쪽

How to Make

01

준비한 키친 클로스의 원하는 위치에 도안을 옮겨 그립니다.

02

먼저 'enjoy'라는 도안을 체인 스티치로 수놓습니다.

TIP 글자의 곡선 부분은 연결해서, 꺾어지는 부분은 체인 스티치를 마무리 지었다가 다시 시작합니다.

03

'THE LITTLE'이라는 도안은 백 스티치로 수놓습니다.

TIP 도안의 글자 획이 길지 않으므로 한 획당 두 땀 정도로 수놓습니다.

04

'things'라는 도안의 글자도 체인 스티치로 수놓습니다.

TIP 글자의 획을 따라 편안한 방향으로 수틀을 돌려 잡으면서 수놓습니다.

05

완성된 키친 클로스입니다.

본아페티 앞치마

*

앞치마를 둘러매게 되면 집안일이 조금 더 수월해지는 느낌이 듭니다.
전문가가 된 듯한 느낌도 들고,
좀 더 빠르게 집안일이 진행되는 기분이 들기도 하지요.
영화 〈줄리 & 줄리아〉의 줄리아 차일드처럼
행복한 표정으로 "본아페티!"라고 외치며
맛있는 음식을 준비하는 모습을 상상하며 만들어보았어요.

원단 완제품 앞치마
도안 180쪽

How to Make

01

준비한 앞치마의 원하는 위치에 도안을 옮겨 그리고 수틀에 끼워줍니다.

02

체인 스티치로 글자를 따라 수놓습니다.

03

새틴 스티치로 주방도구의 손잡이 부분을 먼저 수놓습니다.

04
고무주걱의 아랫부분을 새틴 스티치로 수놓습니다.

TIP 세 부분으로 나누어 각각 새틴 스티치로 수놓습니다.

05
고무주걱의 윗부분도 사진처럼 새틴 스티치로 수놓습니다.

06
거품기 모양의 도안을 따라 아우트라인 스티치로 수놓아 완성합니다.

브레드 주방장갑

✳

뜨거운 냄비나 프라이팬 손잡이를 잡을 때 꼭 필요한
주방장갑에 귀여운 빵 모양의 도안들을 수놓아보았습니다.
식빵, 프레즐, 크루아상, 바게트 모양의 도안은
주방장갑 외에도 키친 클로스나 앞치마 등
다양한 주방용품에 잘 어울릴 것 같아요.
귀여운 자수가 더해진 주방용품과 함께하면
요리도 조금 더 즐거워질 것 같은 기분이 듭니다.

원단   오트밀 컬러 리넨 원단 15×18cm 2장, 브라운 컬러 리넨 원단 겉감용 15×22cm 1장,
안감용 15×22cm 1장, 안감용 15×20cm 1장, 접착솜(7온스) 13×16cm 2장, 13×20cm 1장
부자재   접착솜(7온스) 15×21cm 2장
도안   181~183쪽

How to Make

01

준비된 원단에 도안을 옮겨 그리고 체인 스티치로 식빵 모양의 도안을 수놓습니다.

02

프레즐 도안을 새틴 스티치로 일정한 두께로 수놓습니다.

03

완성한 프레즐 자수 위에 프렌치 노트 스티치로 2회 감아 프레즐 위의 소금을 표현하여 프레즐 자수를 완성합니다.

04
스플릿 스티치로 크루아상 도안을 수놓습니다.

TIP 이때 도안을 반으로 나누어 한쪽을 먼저 채우고, 나머지 반쪽을 채우면 면을 채워 수놓기가 더 수월합니다.

05
크루아상 도안 양쪽 끝의 뾰족한 부분은 새틴 스티치로 마무리합니다.

06
스트레이트 스티치로 크루아상의 접히는 부분을 표현하여 크루아상을 완성합니다. 바게트 도안도 새틴 스티치로 수놓습니다.

07
바게트 빵의 칼집 부분도 새틴 스티치로 수놓아 자수를 완성합니다.

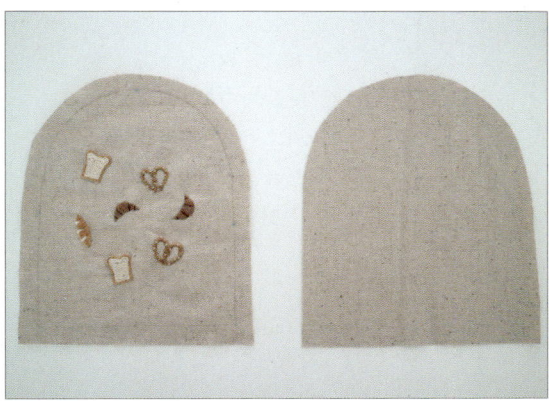

08
책에 첨부된 실물도안을 오려 원단에 대고 그린 뒤 시접을 1cm 정도 남기고 잘라 준비합니다.

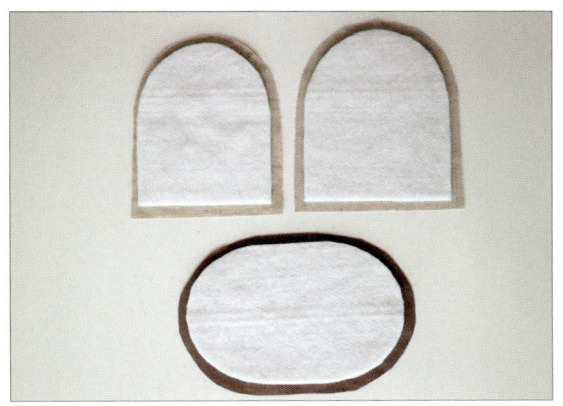

09
시접을 제외한 사이즈로 접착솜을 오려 겉면 원단 3장에 부착합니다.

TIP 겉감의 반원 원단은 실물 도안의 ⓐ 부분을 제외한 아랫부분만 그려서 재단합니다.

10
오트밀 컬러 겉감 원단 2장을 겉면이 마주 보도록 포개 놓고 시침핀으로 고정시킨 뒤 아래쪽 옆면을 5cm씩 박음질합니다.

11
박음질한 2장의 원단을 펼쳐 놓고, 겉감 브라운 리넨과 겉면이 마주 보도록 포개 놓습니다.

12
시침핀으로 고정시킨 뒤 박음질이 끝난 부분부터 시작해 접착솜의 곡선 부분을 따라 원단을 박음질합니다. 아랫부분도 같은 방법으로 곡선을 따라 박음질합니다.

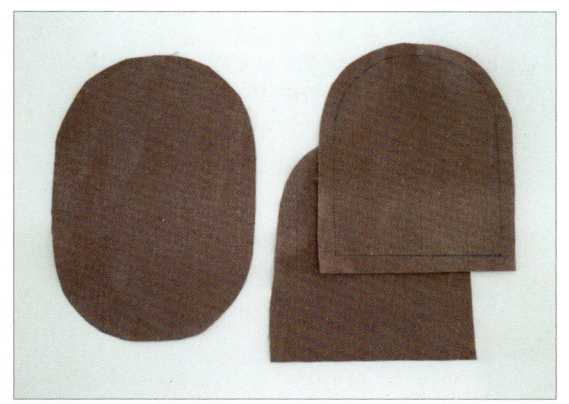

13
주방장갑의 안감이 될 원단을 준비합니다.

TIP 안감의 반원 원단은 실물 도안의 ⓐ 부분을 포함한 사이즈로 재단해서 사용합니다.

14
원단의 겉면이 마주 보도록 포개 놓고 시침핀으로 고정한 뒤 옆면의 아랫부분을 7cm가량 박음질합니다.

15
겉감 만드는 과정과 동일하게 아래쪽 부분도 곡선을 따라 박음질합니다.

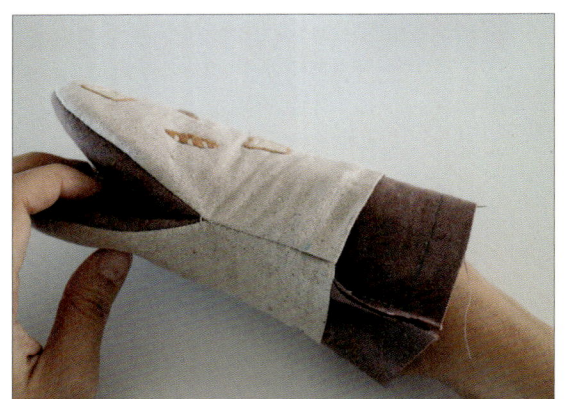

16
완성된 겉감은 뒤집고, 안감은 뒤집지 않은 채로 겉감 안에 안감을 밀어 넣어줍니다.

17
겉감 아래로 튀어나온 안감은 시접을 말아 접어 겉감 아랫부분과 맞춘 뒤 시침핀으로 고정시키고 공그르기하여 완성합니다.

에코백

*

마트에 장보러 갈 때 들고 나가기 좋은 에코백에 귀여운 돼지를 수놓아보았어요.
장바구니 챙기는 걸 자주 깜빡하곤 해서
종이봉투나 쓰레기봉투를 구입하게 되곤 하는데
이렇게 귀여운 에코백은 잊지 않고 챙기게 될 것 같아요.
절약의 상징인 돼지저금통이 떠오르는 귀여운 분홍돼지를 보면서
환경도 생각하고 생활비도 절약해보면 어떨까요?

재료 무지 리넨 에코백
도안 181쪽

How to Make

01
무지 에코백의 원하는 위치에 도안을 옮겨 그린 뒤 수틀을 끼워 준비합니다.

02
체인 스티치로 돼지의 몸통을 수놓아 채워줍니다.

TIP 돼지 목의 스카프 부분과 돼지 오른쪽 귀는 비워두고 체인 스티치로 수놓습니다.

03
비워두었던 돼지의 오른쪽 귀도 체인 스티치로 수놓아 돼지 몸통을 완성합니다.

04
스플릿 스티치로 돼지 목에 두른 스카프를, 새틴 스티치로 돼지의 코 부분을 수놓습니다.

05
돼지 귀와 눈 부분을 수성펜으로 그려줍니다.

06
백 스티치로 귀의 외곽선과 아래 글자 부분을, 프렌치 노트 스티치로 눈을 수놓으면 완성입니다.

특별한 날을 위한 자수

하나뿐인 배냇저고리

✳

뱃속에서 10개월이란 시간을 함께한 아기가 태어난 후
처음 입는 옷인 배냇저고리에 특별함을 더해보고 싶었어요.
처음 만나는 세상에 첫 인사를 하는 느낌으로
태어난 해를 수놓아보았습니다.
뱃속의 아기가 입을 모습을 상상하며
곱게 수놓아 준비한, 세상에 하나뿐인 배냇저고리는
훗날 아이에게도 소중한 추억이 될 것 같아요.

재료 완제품 배냇저고리 또는 보디슈트
도안 184쪽

How to Make

01
준비한 배냇저고리에 도안을 옮겨 그리고 수틀에 끼워 준비합니다.

TIP 수놓은 뒷면이 아기의 피부에 닿지 않도록 옷이 서로 겹쳐지는 부분에 도안을 그립니다.

02
백 스티치로 글자를 먼저 수놓습니다.

03
아웃라인 스티치로 숫자 '2'를 수놓습니다.

TIP 아웃라인 스티치로 곡선을 수놓을 때는 땀 간격을 조금 더 촘촘하게 합니다.

04
카우칭 스티치로 숫자 '0'을 수놓습니다.

TIP 시작한 곳과 같은 구멍으로 들어가서 마무리하면 자연스럽습니다.

05
백 스티치로 숫자 '1'을, 체인 스티치로 숫자 '7'을 수놓아 완성합니다.

TIP 도안 페이지에 1~10까지의 숫자 도안을 넣었습니다. 필요한 날짜가 있을 때 사용하세요.

턱받이

✳

아기가 젖병을 물고 분유를 마실 때나
온 얼굴에 다 묻혀가며 이유식을 먹을 때
꼭 필요한 턱받이에 귀여운 자수를 놓아보았습니다.
평범한 턱받이에 작은 정성을 더해 선물하면
엄마도 아기도 조금 더 즐거운 식사시간이 되지 않을까요?

재료 턱받이
도안 184쪽

How to Make

01

준비한 턱받이에 도안을 옮겨 그립니다.

02

백 스티치로 우유병 모양의 도안과 글자를 수놓습니다.

03

병뚜껑 모양의 도안도 백 스티치로 수놓습니다.

04
수성펜으로 롱앤숏 스티치를 수놓기 위한 가로선을 그려줍니다.

05
수성펜으로 그린 가로 선을 따라 우유병 안의 우유를 롱앤숏 스티치로 수놓으면 완성입니다.

감사 카드

✽

감사한 마음을 전할 일이 많은 5월에
수가 놓인 특별한 핸드메이드 카드로 마음을 전해보면 어떨까요?
한 땀 한 땀 정성이 더해져 받는 분의 감동도 더 커질 거예요.
자수를 놓아 만든 카드는 그 자체로도 훌륭한 인테리어 소품이 되니
책상 위에 올려두면 볼 때마다 흐뭇한 미소가 지어질 것 같네요.

재료   백아이보리 리넨 15×15cm
부자재 두꺼운 도화지 36×12cm
도안   185쪽

How to Make

01
원단에 도안을 옮겨 그리고 수틀에 끼워 준비합니다.

02
아우트라인 스티치로 글자 도안을 따라 수놓습니다.

TIP 곡선 부분은 땀 간격을 조금 더 촘촘하게 합니다.

03
레이지데이지 스티치로 꽃을 먼저 수놓습니다.

04
리프 스티치로 나뭇잎 부분을 수놓습니다.

05
잎이 달려 있는 도안의 줄기 부분을 아우트라인 스티치로 수놓습니다.

06
아우트라인 스티치로 수놓은 줄기에 레이지데이지 스티치로 잎을 만들고, 스트레이트 스티치를 레이지데이지 스티치 위에 놓아줍니다.

07
백 스티치로 나뭇가지를 수놓습니다.

08
프렌치 노트 스티치로 봉오리를 수놓아 자수를 마무리합니다.

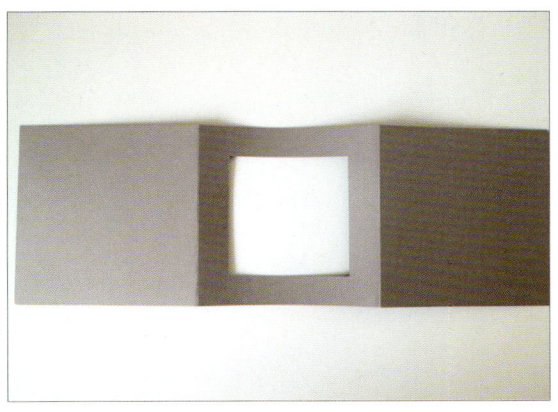

09
두꺼운 도화지를 36×12cm 크기로 준비하여 12cm씩 삼등분하여 접어주고, 가운데 부분은 8×8cm 크기로 잘라 창을 만들어줍니다.

10
창 크기에 맞게 수놓은 원단을 자른 뒤 양면테이프를 이용해 붙입니다. 마지막으로 카드 왼편과 원단의 뒷부분을 양면테이프로 붙여주면 완성입니다.

두고두고 꺼내 볼 예쁜 추억 한 장이 쌓여가네요.

서당 개 삼년이면 풍월을 읊는다더니
어느 날 갑자기 딸아이가 자수를 놓고 싶다고 졸라댑니다.
뭉툭한 바늘에 실을 끼워주니
자투리 원단에 수성펜으로 쓱쓱 그림을 그리고
삐뚤빼뚤하긴 해도 백 스티치를 제법 잘 따라 합니다.
재밌다를 연발하며 생애 첫 자수를 놓는
특별한 시간을 보냈던 하루였습니다.

생일 축하 벽장식

✳

일 년에 한 번씩 찾아오는 특별한 날인 생일에
엄마가 직접 만든 특별한 자수 소품을 벽에 걸어 장식한 뒤
매년 한 장씩 사진을 찍어두면
나중에 그 사진들이 모여 특별한 추억이 될 것 같아요.
다른 장식품 없이도 파티를 빛내줄 수 있는
생일 축하 벽장식으로 특별한 파티를 준비해보세요.

원단 백아이보리 리넨 30×40cm
부자재 30~40cm 길이의 나뭇가지, 샤무드 끈
도안 186쪽

How to Make

01

준비한 원단의 가운데 부분에 도안을 옮겨 그립니다.

02

백 스티치로 첫 글자 'H'를 수놓습니다.

03

아우트라인 스티치로 'A', 체인 스티치로 'P'를 수놓습니다.

TIP 밝은 색 원단의 경우 뒷면의 실이 연결되는 부분이 비칠 수 있으므로, 도안이 그려지지 않은 부분은 연결해서 가지 말고 매듭을 지은 후 끊어서 가는 게 좋습니다.

04

도안을 참고하여 백 스티치로 'P'의 외곽선을, 아우트라인 스티치로 세로 방향 줄무늬를 수놓습니다. 다시 백 스티치로 고깔모자의 외곽선을, 스트레이트 스티치로 별 모양 무늬를 수놓아 마무리합니다.

05

알파벳 'B'는 아우트라인 스티치로 외곽선을, 안쪽의 도트무늬는 새틴 스티치로 수놓습니다. 'I'는 백 스티치로 외곽선을, 새틴 스티치로 대각선 방향 줄무늬를 수놓습니다.

06

알파벳 'R, T, H'를 각각 아우트라인 스티치, 백 스티치, 러닝 스티치로 수놓습니다.

07
알파벳 'D'의 외곽선을 휘프드 러닝 스티치로, 알파벳 안쪽의 스트라이프 모양은 아웃라인 스티치로 수놓습니다.

08
알파벳 'A'는 체인 스티치로, 'Y'는 아웃라인 스티치로 수놓아 완성합니다.

09
옆면에 4.5cm 정도의 간격을 둔 후 2cm 시접을 표시하고 남은 부분은 가위로 잘라줍니다. 시접을 1cm씩 두 번 접어 시침핀으로 고정하고 옆면을 박음질합니다.

10
윗부분은 원목봉이 들어가야 하므로 먼저 1cm를 접고, 3cm를 한 번 더 접어 아래 시접 부분을 박음질합니다. 벽장식의 아랫부분도 여유분 원단은 잘라내고 1cm씩 두 번 접어 박음질하여 완성합니다.

TIP 벽장식 원단 재단 사이즈 참고

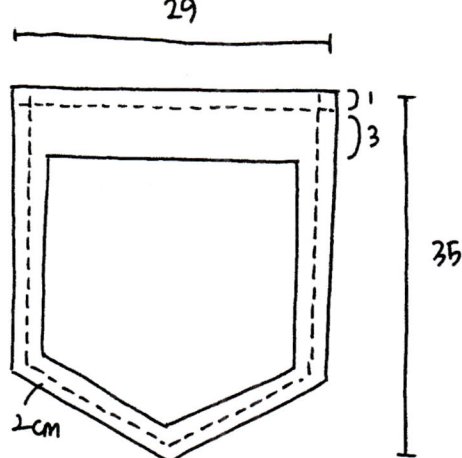

크리스마스 오너먼트

*

오너먼트 모양의 자수를 놓아 오너먼트를 직접 손으로 만들어
크리스마스트리를 장식해보았어요.
깨지거나 부서지지 않는 오너먼트라 보관도 쉽고
트리에 장식하는 용도 외에도 실을 매달아 창가에 모빌처럼
걸어두어도 훌륭한 크리스마스 장식이 될 것 같아요.
작은 수틀에 한 개씩 수를 놓아 벽을 장식해도 멋진 장식이 되겠지요.
귀여운 오너먼트를 만들어 집 안을 멋지게 장식해보세요.

재료   아이보리 리넨 15×15cm 4장
부자재   구름솜 적당량, 트와인 끈
도안   187쪽

How to Make

01
원단에 도안을 그리고 수틀에 끼워 준비합니다.

02
아우트라인 스티치로 오너먼트 도안의 테두리를 수놓습니다.

03
러닝 스티치로 오너먼트 도안의 안쪽 선을 따라 수놓습니다.

04
백 스티치로 꼬불꼬불한 장식 부분을 수놓습니다.

05
프렌치 노트 스티치로 반짝이는 보석 모양을 수놓습니다.

06
오너먼트의 윗부분을 백 스티치로 수놓습니다.

07

마지막으로 오너먼트 위에 묶인 리본 모양을 체인 스티치로 수놓으면 완성입니다.

08

자수를 완성한 앞면 원단과 뒷면이 될 원단을 시접을 1cm 정도 남겨두고 가위로 잘라냅니다.

09

원하는 길이로 묶어 준비해둔 트와인 끈을 두 원단 사이에 끼워 넣고 시침핀으로 앞뒤 원단을 고정합니다.

10
원단과 비슷한 컬러의 자수실 2가닥으로 시접 0.5cm 위치를 박음질해줍니다. 이때 솜을 넣을 수 있는 창구멍은 3~4cm 정도 남겨두고 박음질한 뒤 창구멍으로 구름솜을 적당량 넣고, 마지막으로 창구멍을 박음질해서 메워줍니다.

11
가위로 완성된 오너먼트의 가장자리를 정리하고 올풀림 방지액을 바르면 완성입니다.

12
준비한 원단에 도안을 그리고 아웃라인 스티치로 테두리와 전구가 매달린 줄을 먼저 수놓습니다.

13
레이지데이지 스티치 위에 스트레이트 스티치로 전구 모양을 수놓습니다.

14
전구 모양의 수를 완성한 뒤 백 스티치로 오너먼트 위쪽 네모 모양을 수놓습니다.

15
체인 스티치로 리본 모양을 수놓아 자수를 완성한 뒤 앞에 설명한 것과 같은 방법으로 박음질하여 오너먼트를 완성합니다.

크리스마스 머리핀

✳

크리스마스 분위기를 흠뻑 느낄 수 있도록
산타클로스와 눈사람 모양의 머리핀을 만들어보았어요.
크리스마스를 기다리며 작은 소품들을 수놓아 만들면
크리스마스를 기다리는 기쁨이 두 배가 될 것 같아요.
산타할아버지와 눈사람은 브로치로 만들어 가방에 달거나
자석을 넣어 만들어 냉장고 마그넷으로 사용해도 좋아요.
캐럴을 들으면서 수놓는다면 더 즐거운 시간이 될 거예요.

재료   백아이보리 리넨 20×20cm 1장
부자재   구름솜 적당량, 집게핀 6cm
도안   188쪽

How to Make

01
원단에 도안을 옮겨 그리고 수틀에 끼워 준비합니다.

02
눈사람 얼굴 도안의 테두리를 아웃트라인 스티치로 수놓습니다.

TIP 곡선 부분은 땀을 촘촘히 수놓아야 부드럽게 표현할 수 있습니다.

03
프렌치 노트 스티치로 1회 감아 눈과 입을 수놓습니다.

04
당근 코를 새틴 스티치로 수놓아 눈사람의 얼굴을 완성합니다.

05
스플릿 스티치로 산타클로스의 모자를 수놓습니다.

TIP 테두리를 먼저 수놓고 모자의 결을 따라 채우듯이 수놓습니다.

06
모자 끝부분에 달린 하얀 방울과 모자 앞쪽의 하얀 털 부분을 새틴 스티치로 수놓습니다.

07

링 스티치로 수염의 테두리 부분을 먼저 수놓고 안쪽을 채우듯이 수놓습니다.

TIP 링 스티치를 같은 방향으로 수놓으면 인위적으로 보이므로 서로 방향이 어긋나도록 자유롭게 수놓아주세요.

08

링 스티치로 수염을 다 채운 뒤 프렌치 노트 스티치를 1회 감아 산타의 눈을 수놓고, 새틴 스티치로 코를 수놓아 마무리합니다.

09

원단 앞면과 뒷면을 안쪽이 마주하도록 놓고 시접을 2cm 정도 남기고 가위로 자릅니다. 완성된 자수 테두리에서 0.5cm 정도 떨어진 위치에 원단과 비슷한 컬러의 자수실 2가닥을 끼워 백 스티치로 박음질합니다. 반 정도 박음질이 완성되었을 때 솜을 채워 넣고 남은 부분을 박음질로 마무리합니다.

10

박음질한 부분이 잘리지 않도록 주의하며 박음질한 부분에서 0.5cm 정도의 시접을 남기고 가위로 잘라 줍니다.

11

완성된 작품은 끝부분 올이 풀리지 않도록 올 풀림 방지액을 발라줍니다.

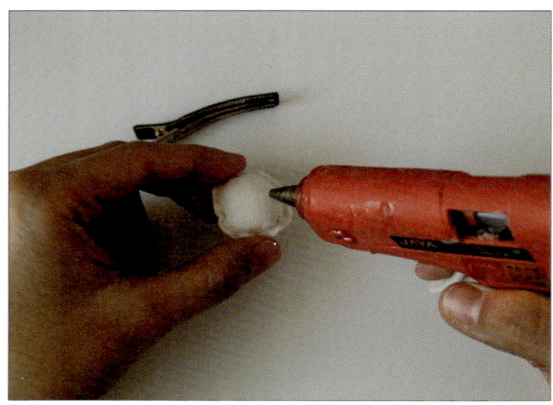

12

집게핀대에 양면테이프를 이용하여 리본을 잘라 붙이고, 글루건으로 완성된 자수 작품을 원하는 위치에 붙여주면 완성입니다.

핑크 기린 베개 커버

✳

아이의 꿈속에서 마법 같은 일들이 일어나
멋진 모험을 하길 바라는 마음으로 만들어본 베개 커버입니다.
핑크색 기린도 만나고 마법학교에 들어가 마법사도
되어 볼 수 있다면 얼마나 신날까요?
엄마의 사랑을 고스란히 담은 베개를 베고 자면
더 편안하고 따뜻한 밤이 될 것 같습니다.

원단   리넨 베개 커버(책에 사용된 크기는 36×26cm)
도안   185쪽

How to Make

01

베개 커버에 도안을 옮겨 그립니다.

TIP 어두운 원단에 도안을 옮겨 그릴 때는 흰색 트레이싱 지와 흰색 수성펜을 사용합니다.

02

기린 도안을 따라 체인 스티치로 수놓습니다.

TIP 기린의 다리는 체인 스티치를 두 줄 붙여 수놓습니다.

03
기린 등의 무늬도 체인 스티치로 수놓습니다. 무늬의 테두리를 먼저 수놓고 안쪽을 채우듯이 수놓습니다.

04
백 스티치로 글자 도안을 따라 수놓습니다.

TIP 이때 백 스티치의 땀이 너무 작지 않도록 4mm 정도로 땀 크기를 유지하며 수놓으면 좋습니다.

05
도안을 참고하여 색상을 바꿔 백 스티치로 글자 도안을 수놓아 완성합니다.

할로윈 브로치

✳

이제는 그냥 지나치면 섭섭한 날이 된 할로윈데이.
코스튬을 따로 준비하는 게 부담스럽다면
작은 소품을 직접 만들어 기분을 내보는 건 어떨까요?
브로치 대신 머리핀으로 만들 수도 있어서
다양하게 활용하기에도 좋을 것 같아요.
할로윈데이에 즐거움을 더해 줄 자수소품을 만들어 센스를 뽐내보세요.

재료　백아이보리 리넨 20×20cm 2장
부자재　구름솜 적당량, 브로치핀 2.5cm
도안　188쪽

How to Make

01
원단에 도안을 옮겨 그리고 수틀에 끼워 준비합니다.

02
호박 모양의 도안에 새틴 스티치로 한 칸씩 차례로 수놓습니다.

03
호박의 눈, 코, 입 부분을 제외하고 새틴 스티치로 수놓습니다.

04
호박의 꼭지 부분도 새틴 스티치로 수놓아 완성합니다.

05
마녀모자 모양의 도안을 스플릿 스티치로 수놓습니다.

TIP 모자의 윗부분인 고깔 모양은 세로 방향으로, 아래 챙 부분은 가로 방향으로 수를 놓으면 더 자연스럽습니다.

06
모자 중간의 벨트 모양 도안을 새틴 스티치로 수놓습니다.

07
벨트 버클 모양은 새틴 스티치로, 벨트의 경계선은 스트레이트 스티치로 수놓아 마무리합니다.

08
원단 앞면과 뒷면을 안쪽이 마주하도록 놓고 시접을 여유 있게 2cm 정도 남기고 가위로 자릅니다. 완성된 자수 테두리에서 0.5cm 정도 떨어진 위치에 원단과 비슷한 컬러의 자수실 2가닥을 끼워 백 스티치로 박음질합니다.

09
반 정도 박음질이 완성되었을 때 솜을 채우고 남은 부분을 박음질로 마무리합니다. 박음질 한 부분이 잘리지 않도록 주의하며 박음질한 부분에서 0.5cm 정도의 시접을 남기고 가위로 잘라 정리하고 테두리에 올 풀림 방지액을 발라서 마무리합니다.

10
브로치핀에 글루건을 충분히 묻혀 완성한 자수 소품 뒷면에 붙여주면 완성입니다.

다른 이들과 함께 나눌 게 점점 많아지네요.

같은 취미를 가진 사람들과 만나
서로의 안부를 묻고 따뜻한 말을 주고받습니다.
직접 구운 빵과 쿠키를 나누기도 하고
가끔은 소소한 깜짝 선물을 나누기도 합니다.
때로는 서로의 도구를 부러워하기도 하고
서로의 작품을 아낌없이 칭찬합니다.
프랑스 자수는 혼자해도 즐겁지만
함께하며 수다가 더해지면 더 풍성해지는 취미입니다.

STITCH

기본 스티치

러닝 스티치
Running stitch

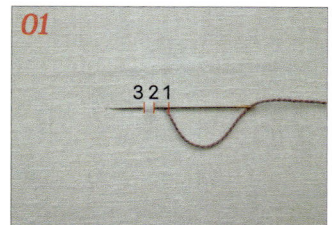
01

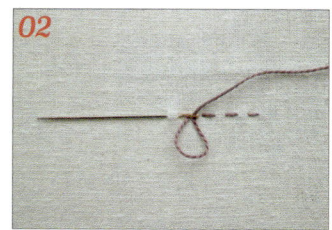
02

1번에서 나온 뒤 2번으로 들어가 3번으로 나옵니다.

스티치의 간격이 일정해야 예쁜 러닝 스티치가 완성됩니다.

휘프드 러닝 스티치
Whipped running stitch

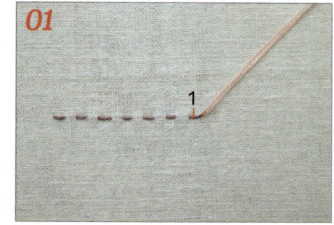
01

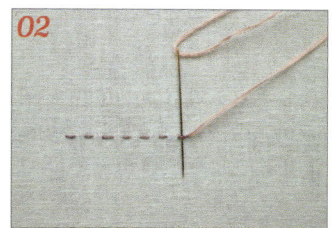
02

러닝 스티치를 놓은 뒤 다른 색상의 실을 바늘에 끼워 1번에서 나옵니다.

위에서 아래로 바늘을 반복해서 통과시키며 감아 나갑니다.

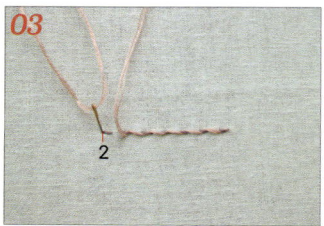
03

러닝 스티치가 끝나는 부분과 같은 곳에 바늘을 넣어 마무리합니다.

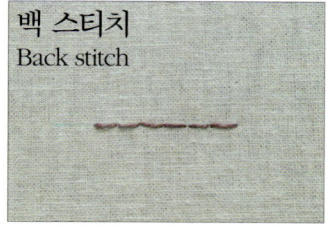
백 스티치
Back stitch

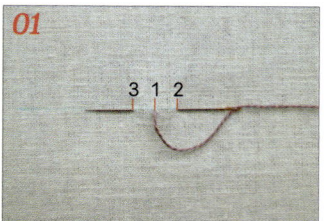
01

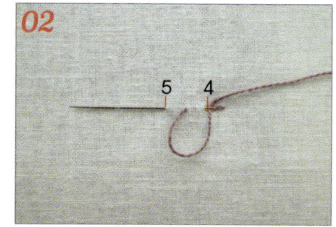
02

1번에서 나와 2번으로 들어간 뒤 3번으로 나옵니다.

1번과 같은 구멍인 4번으로 다시 들어간 뒤 5번으로 나옵니다.

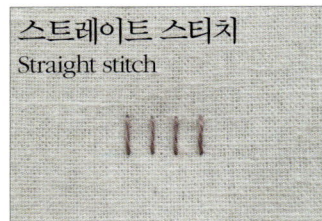

스트레이트 스티치
Straight stitch

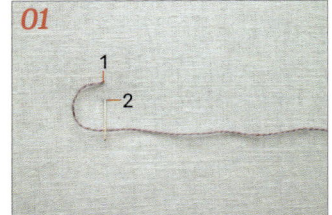

01

1번으로 나와 2번으로 들어가 한 땀으로 수놓는 기법입니다.

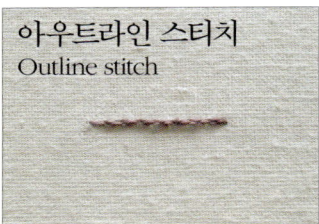

아우트라인 스티치
Outline stitch

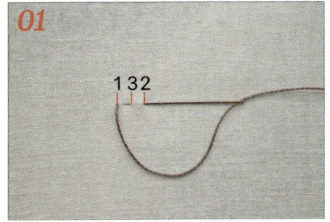

01

1번으로 나와 2번으로 들어간 뒤 3번으로 나옵니다.

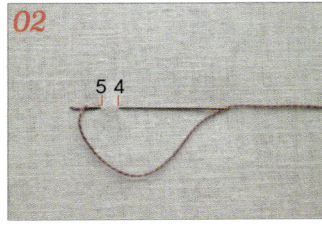

02

4번으로 들어갔다가 5번으로 나옵니다. 도안을 따라 같은 방법으로 반복합니다.

아우트라인으로 꺾어지는 부분을 수놓을 때는 뒷면의 다른 스티치에 한 번 걸어준 뒤 다시 같은 곳으로 바늘을 빼서 수놓으면 됩니다.

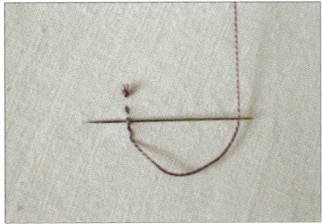

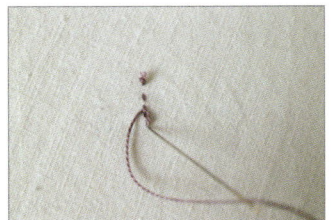

체인 스티치
Chain stitch

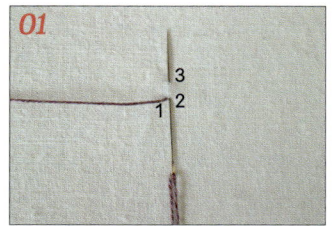
01
1번에서 나와 실을 시계방향으로 돌려놓고 1번 바로 옆인 2번으로 바늘을 넣어 3번으로 바늘을 살짝 뺍니다.

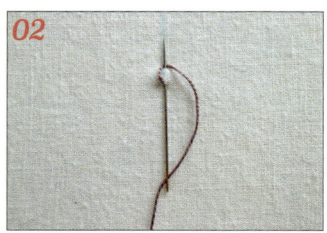
02
바늘 뒤로 실을 넘겨 실이 바늘에 걸리게 한 뒤 바늘을 뺍니다.

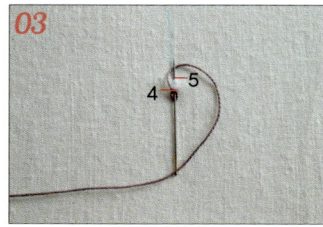
03
같은 방법으로 반복하며 수놓습니다.

04
고리 위쪽으로 바늘을 넣어 마무리합니다.

카우칭 스티치
Couching stitch

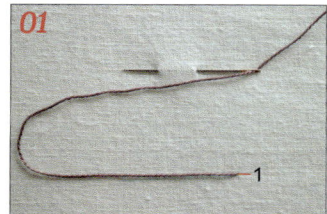
01
1번에서 나와 도안을 따라 실을 도안 위에 올려두고 바늘은 근처 아무 곳이나 꽂아둡니다.

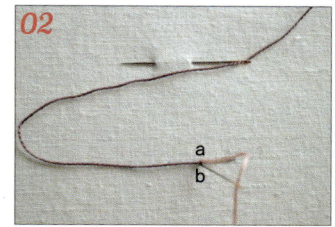
02
다른 색상(또는 같은 색상)의 실을 끼워 a에서 나와 b로 들어가 메인이 되는 색상의 실을 고정해줍니다.

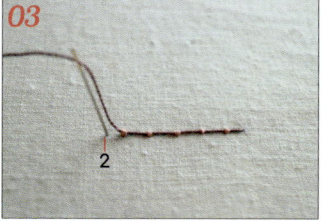
03
2번으로 들어가 마무리합니다.

새틴 스티치
Satin stitch

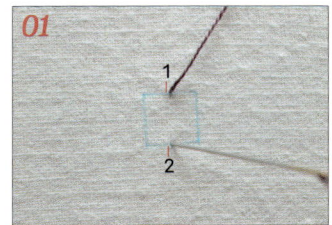

1번에서 나와 2번으로 들어갑니다. 도안의 중간 부분부터 시작해서 채워 나가면 더 깔끔한 결로 완성할 수 있습니다.

반쪽을 다 수놓은 뒤 나머지 반쪽도 같은 방법으로 수놓습니다.

스플릿 스티치
Split stitch

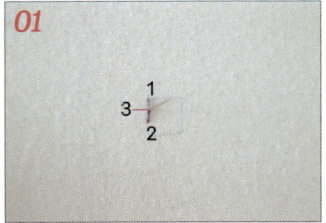

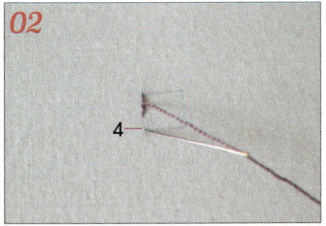

1번에서 나와 2번으로 들어간 뒤 실을 가르면서 3번으로 바늘을 빼줍니다.

4번으로 바늘을 넣습니다.

5번에서 실을 가르며 나와 6번으로 들어갑니다. 같은 방법으로 반복하며 면을 채워줍니다.

롱앤숏 스티치
Long and short stitch

01

롱앤숏 스티치를 수놓을 도안에 가로로 선을 그어 칸을 나누어줍니다.

02

길게 한 땀(롱 스티치), 짧게 한 땀(숏 스티치)을 번갈아가며 수놓습니다.

03

첫 번째 단을 다 채운 모습입니다.

04

같은 컬러 혹은 다른 컬러의 실을 끼워 길게 한 땀씩(롱 스티치) 엇갈리게 수놓습니다.

05

마지막 단은 짧은 스티치로만(숏 스티치) 빈곳을 채워 마무리합니다.

레이지데이지 스티치
Lazy-daisy stitch

01

1번으로 나와 2번으로 들어간 뒤 3번으로 바늘을 살짝만 빼줍니다. 실을 사진처럼 바늘 밑에 걸어준 뒤 바늘을 완전히 빼냅니다.

02

4번으로 들어가 꽃잎 한 개를 마무리합니다.

레이지데이지 스티치 +
스트레이트 스티치

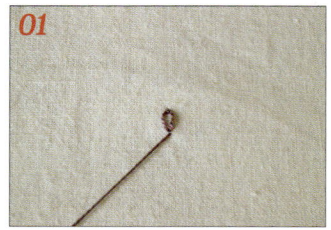

01

레이지데이지 스티치를 수놓은 뒤 사진처럼 스티치 아랫부분으로 바늘을 빼줍니다.

02

레이지데이지 스티치의 윗부분으로 들어가며 스트레이트 스티치를 놓아줍니다.

프렌치 노트 스티치
French knot stitch

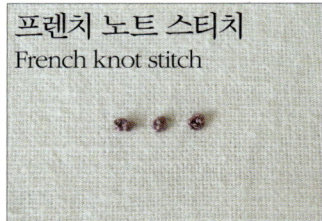

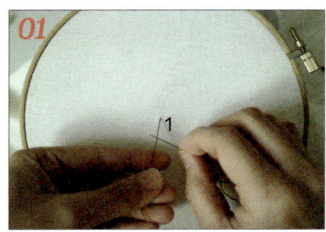

1번에서 바늘을 뺀 후 실 위에 바늘을 얹습니다.

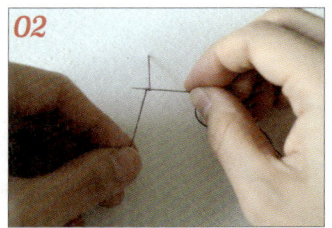

사진처럼 바늘에 실을 1~3회 감아줍니다.

바늘을 1번 바로 옆에 꽂고 실을 당겨 매듭이 바늘 끝에 잘 맺히도록 합니다.

바늘을 원단 아래로 통과시킵니다. 이 때 실을 잡고 있는 손은 끝까지 실을 잡고 있다가 마지막에 실을 놓아 스티치를 마무리합니다.

플라이 스티치
Fly stitch

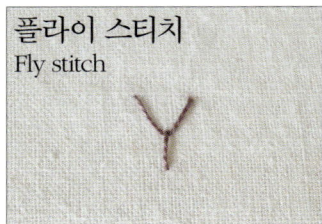

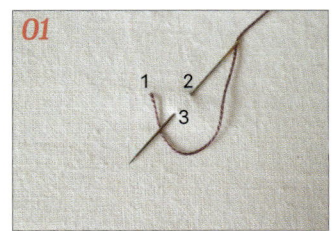

1번에서 나와 2번으로 들어가 3번으로 바늘을 뺍니다. 3번으로 바늘을 뺄 때는 실이 바늘 아래에 오도록 합니다.

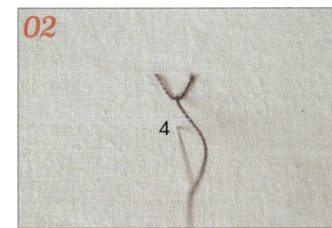

4번으로 들어가 스티치를 마무리합니다.

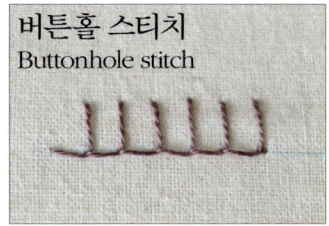

버튼홀 스티치
Buttonhole stitch

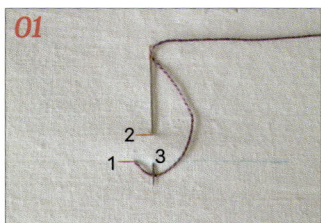

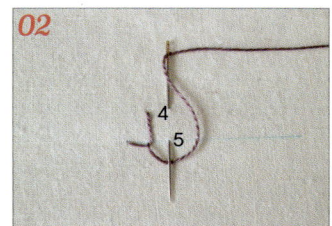

1번으로 나와 2번으로 들어가 3번으로 바늘을 뺍니다. 3번으로 바늘을 뺄 때 실이 바늘 아래에 오도록 합니다.

비슷한 땀 간격을 유지하며 4번으로 들어가 5번으로 나옵니다. 같은 방법으로 반복합니다.

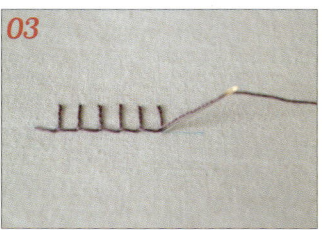

완성된 버튼홀 스티치 바로 옆 부분으로 바늘을 넣어 고정하며 마무리합니다.

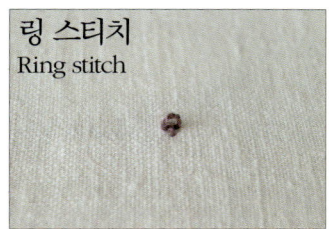

링 스티치
Ring stitch

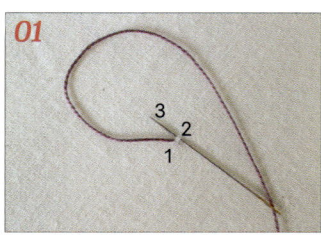

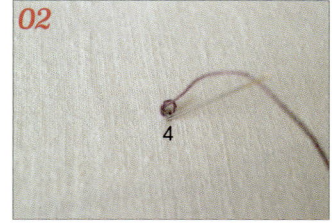

1번에서 나와 실을 시계방향으로 돌려 2번으로 들어가 3번으로 나옵니다.

3번으로 바늘을 뺀 뒤 실을 천천히 잡아당기며 원하는 크기로 고리를 만든 뒤 4번으로 들어가 마무리합니다.

피쉬본 스티치
Fishbone stitch

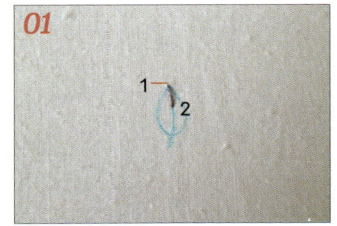

1번으로 나와 2번으로 들어가며 스트레이트 스티치를 한 땀 놓습니다.

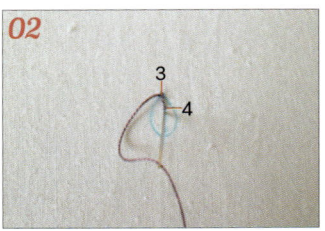

3번으로 나와 4번으로 들어갑니다.

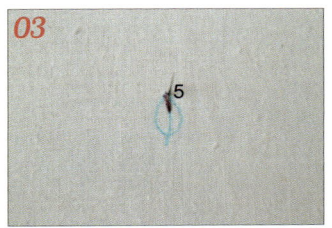

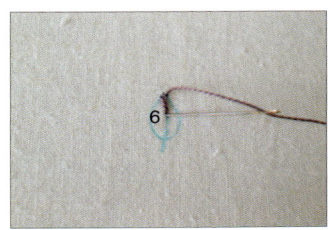

5번으로 나와 6번으로 들어갑니다. 도안이 모두 채워져 나뭇잎이 완성될 때까지 반복합니다.

리프 스티치
Leaf stitch

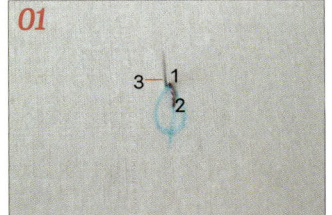

1번에서 나와 2번으로 들어가 스트레이트 스티치를 한 땀 수놓고 3번으로 바늘을 뺍니다.

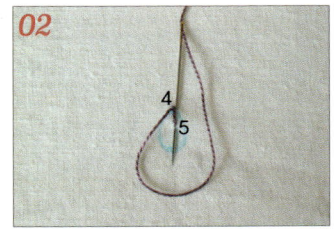

4번으로 바늘을 넣어 5번으로 살짝 뺀 뒤 바늘 아래에 실을 걸어준 후 바늘을 뺍니다.

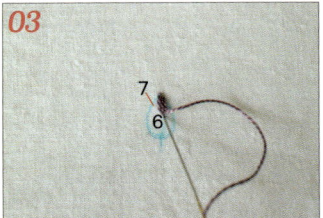

방금 놓은 스티치 바로 아랫부분인 6번으로 들어간 뒤 다시 7번으로 나와 같은 방법으로 반복하며 수놓습니다.

나만의 공간을 갖는다는 것

프랑스 자수나 바느질, 뜨개질 등의 핸드메이드를 취미로 가진 사람들의 로망 중 하나는
나만의 작업 공간을 갖는 것이죠.
저도 늘 꿈꾸고 소망하던 나만의 작업실을 처음 꾸미던 날의 기억이 생생합니다.

책상과 의자를 마련하고, 원단들과 자수용품들을 보기 좋게 정리하고
작품들을 걸어 놓았을 때의 뿌듯함이란...
작업실 의자에 가만히 앉아만 있어도 웃음이 절로 나왔었습니다.

꼭 넓은 공간이 아니더라도 집 안 어느 곳이라도 좋으니
나만의 작업 공간을 꾸며보세요.

정성껏 완성한 작품들을 한쪽 벽에 전시하는 것만으로도 큰 즐거움이 된답니다.

자수 도안

수면안대

새틴 3799(3)
새틴 745(3)
새틴 3799(3)
아우트라인 3799(3)

라벤더 사셰

프렌치 노트 211(2)
210(2)
553(2)
1회 감기
(끈) 스트레이트 841(2)
백 844(2)
(줄기) 아우트라인 3052(1)

수면안대

창구멍

고무줄 끼우는 곳

북커버

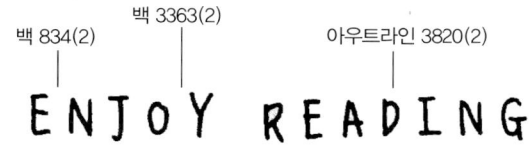

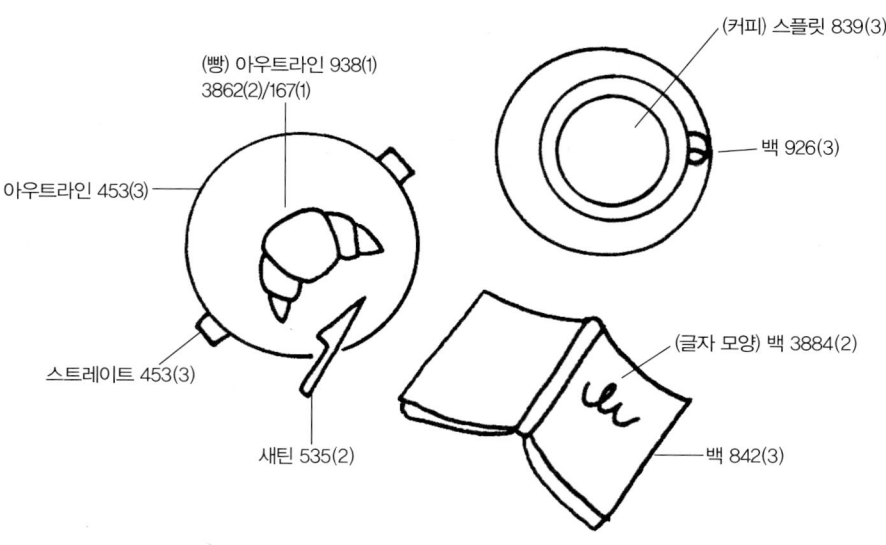

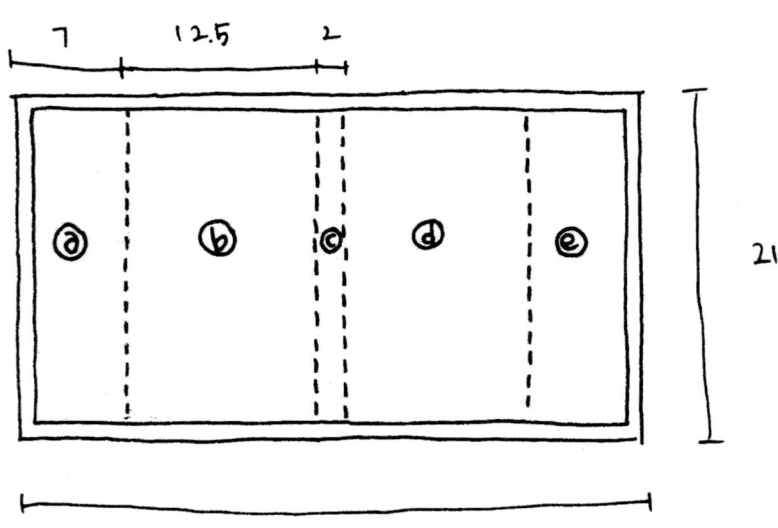

북마크

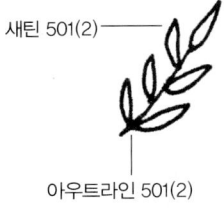

새틴 501(2)

아우트라인 501(2)

새틴 502(2)

아우트라인 502(2)

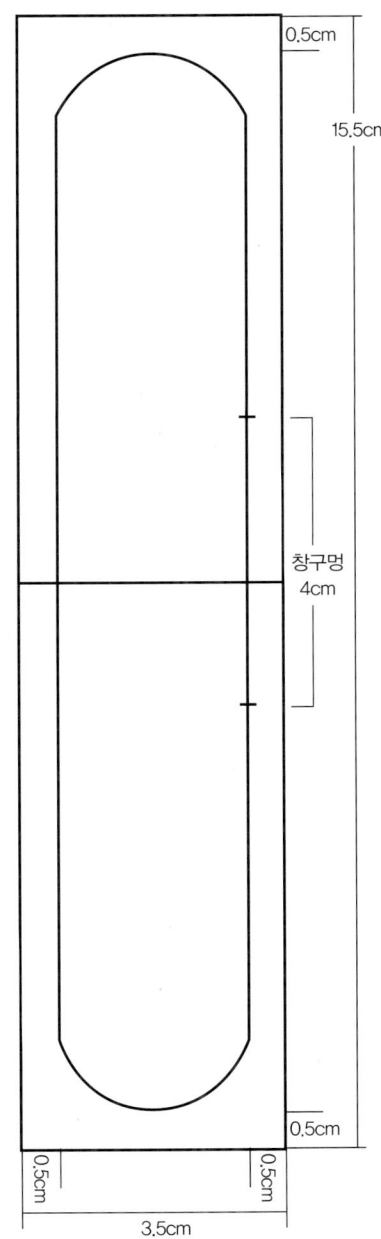

휴대용 티슈케이스

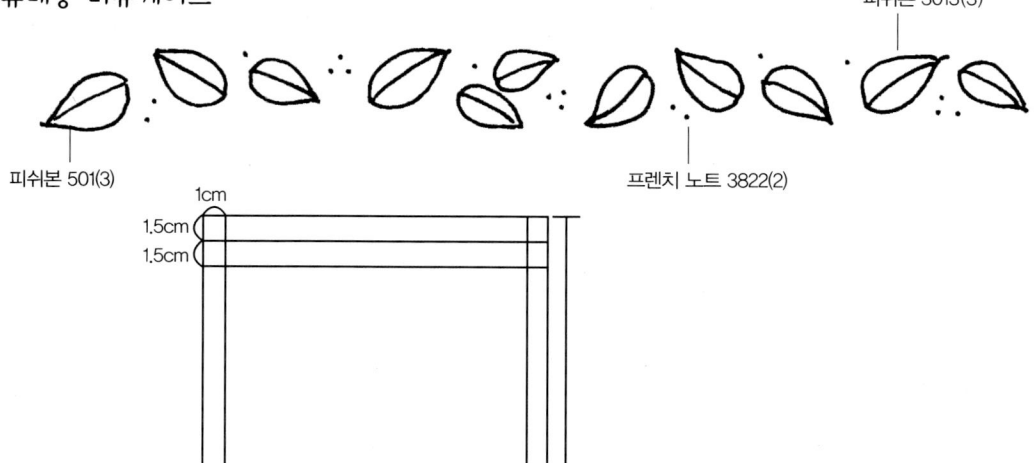

메르씨 손거울

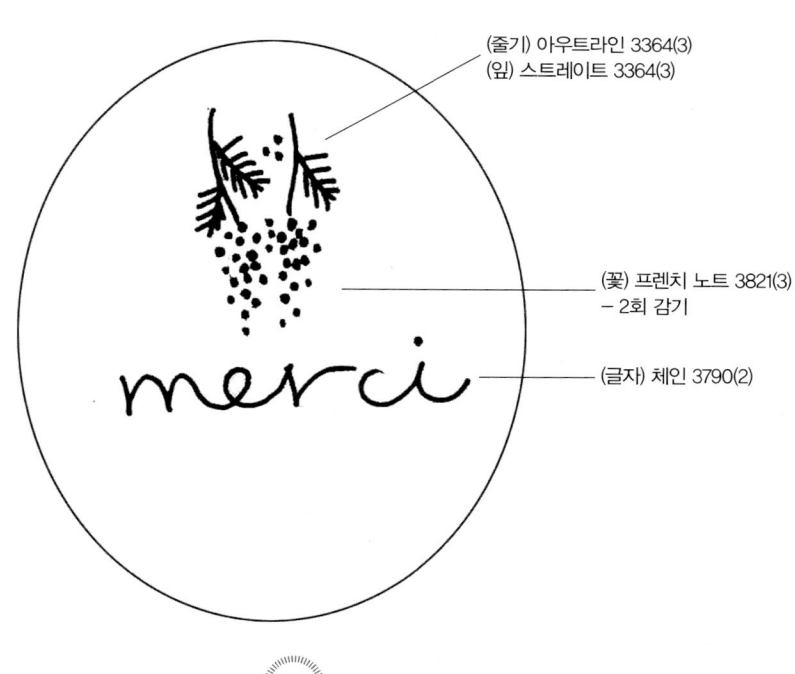

호박 핀쿠션

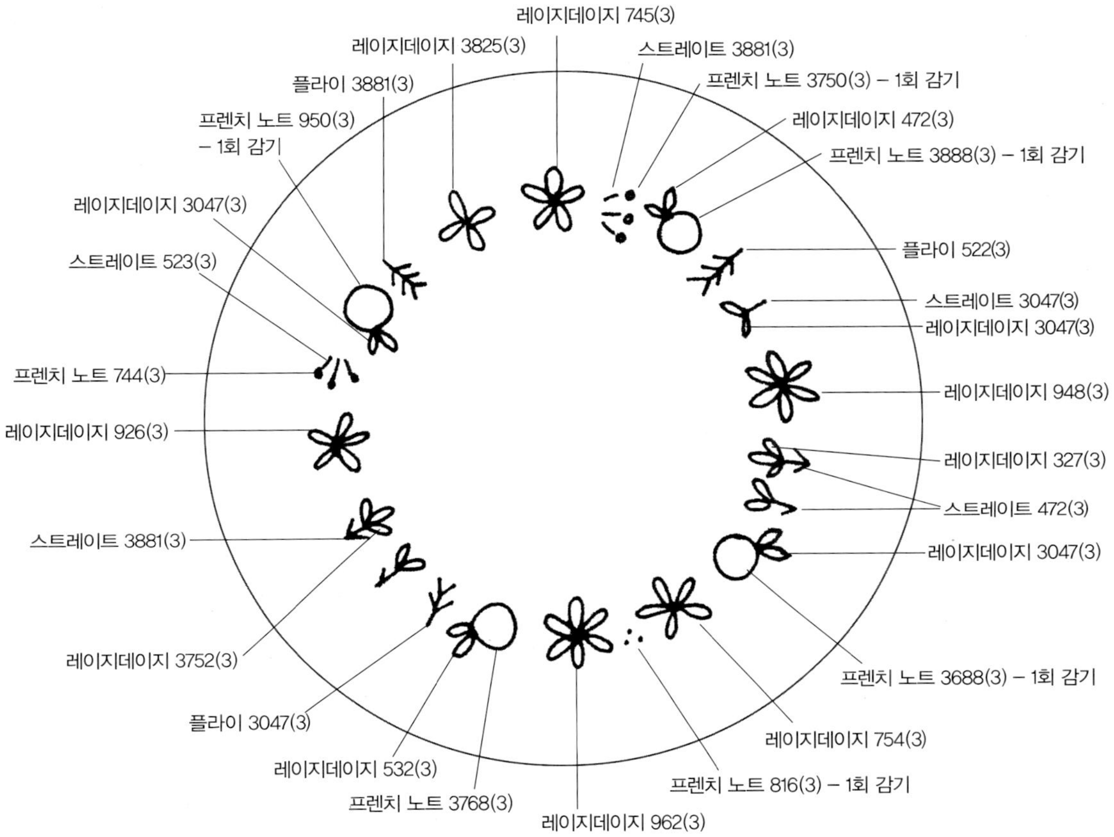

- 레이지데이지 745(3)
- 레이지데이지 3825(3)
- 스트레이트 3881(3)
- 플라이 3881(3)
- 프렌치 노트 3750(3) - 1회 감기
- 프렌치 노트 950(3) - 1회 감기
- 레이지데이지 472(3)
- 레이지데이지 3047(3)
- 프렌치 노트 3888(3) - 1회 감기
- 스트레이트 523(3)
- 플라이 522(3)
- 프렌치 노트 744(3)
- 스트레이트 3047(3)
- 레이지데이지 3047(3)
- 레이지데이지 926(3)
- 레이지데이지 948(3)
- 스트레이트 3881(3)
- 레이지데이지 327(3)
- 스트레이트 472(3)
- 레이지데이지 3752(3)
- 레이지데이지 3047(3)
- 플라이 3047(3)
- 프렌치 노트 3688(3) - 1회 감기
- 레이지데이지 532(3)
- 레이지데이지 754(3)
- 프렌치 노트 3768(3)
- 프렌치 노트 816(3) - 1회 감기
- 레이지데이지 962(3)

메이슨자 핀쿠션

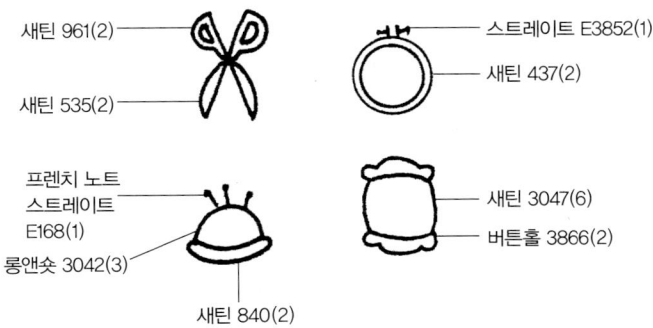

- 새틴 961(2)
- 새틴 535(2)
- 스트레이트 E3852(1)
- 새틴 437(2)
- 프렌치 노트 스트레이트 E168(1)
- 롱앤숏 3042(3)
- 새틴 3047(6)
- 버튼홀 3866(2)
- 새틴 840(2)

런치백

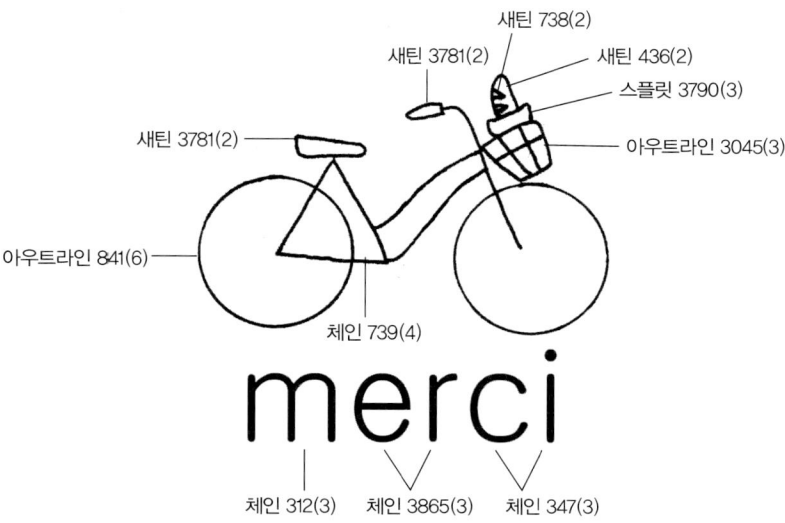

약통 파우치

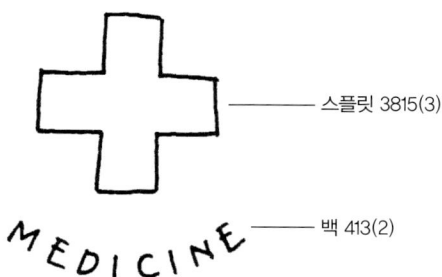

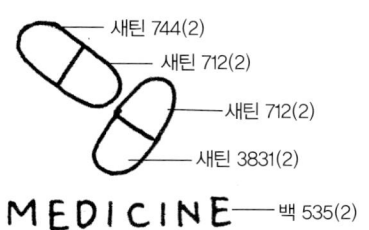

캠핑 플래그

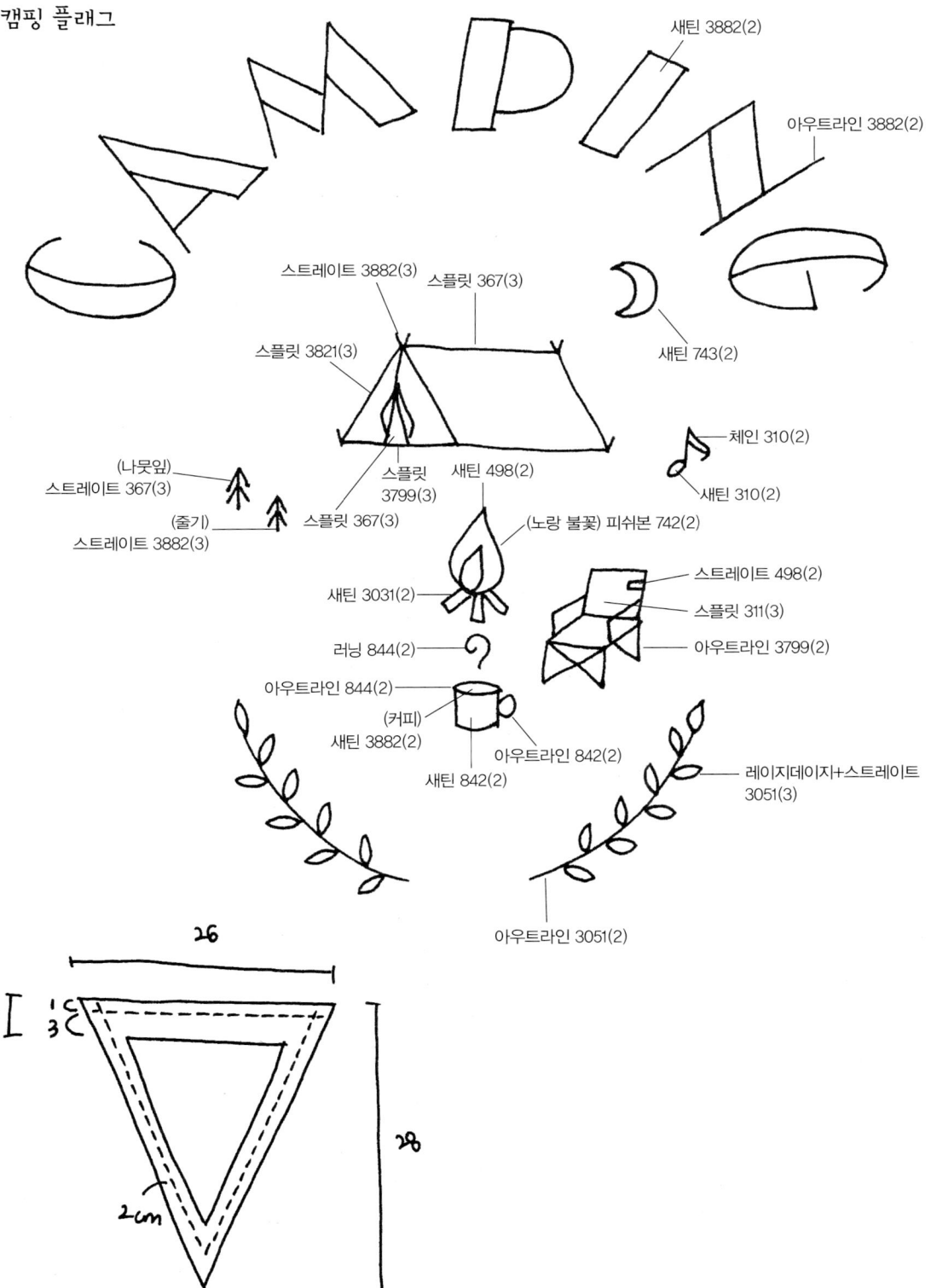

코스터

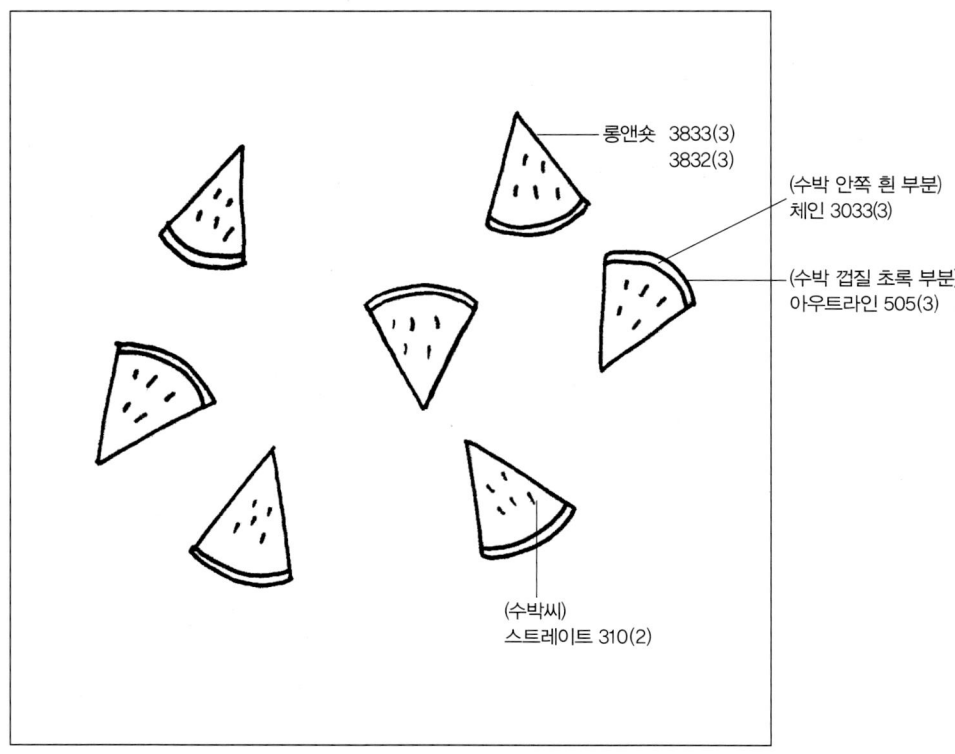

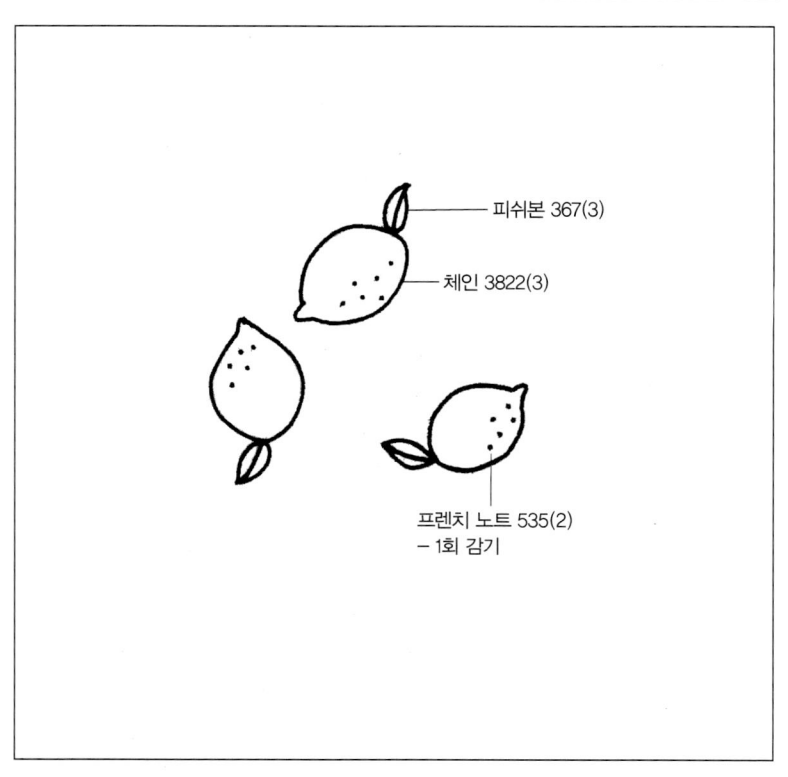

코스터

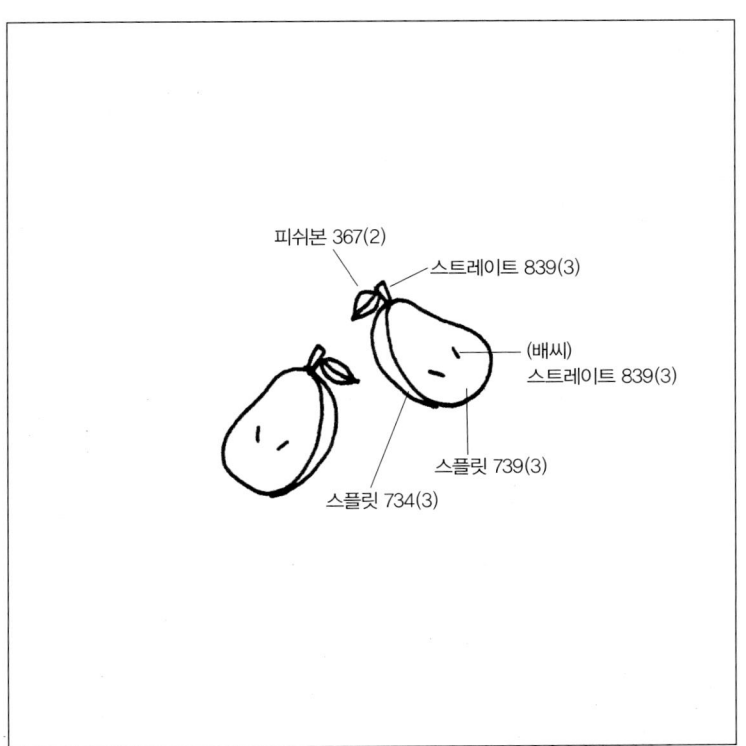

티슈 케이스

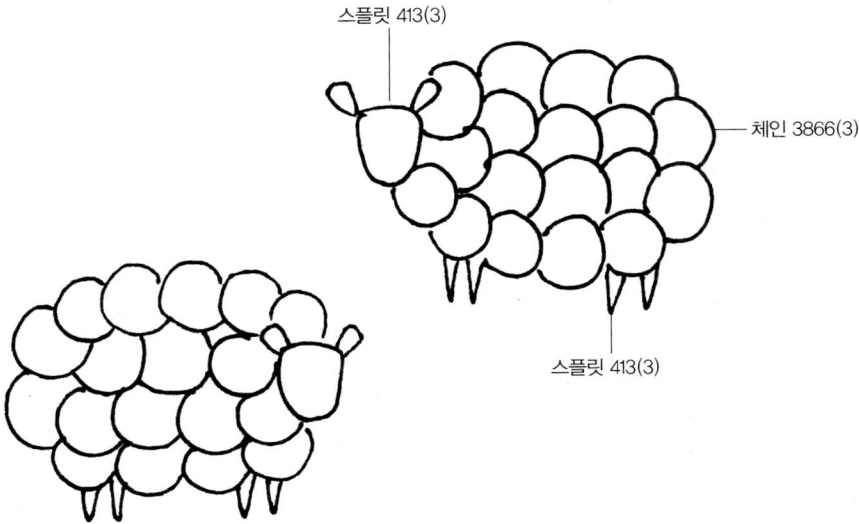

베개 커버

체인 930(3)
체인 930(3)

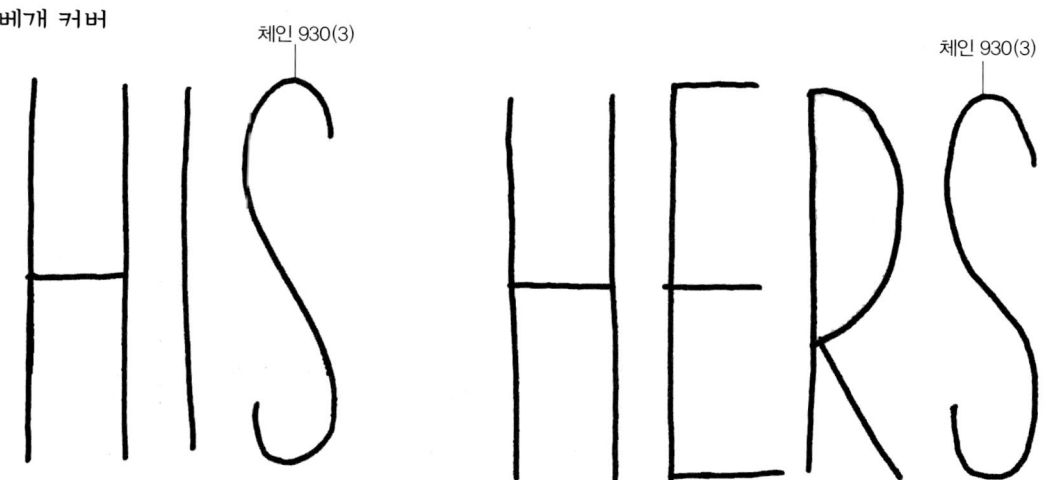

쿠션 커버

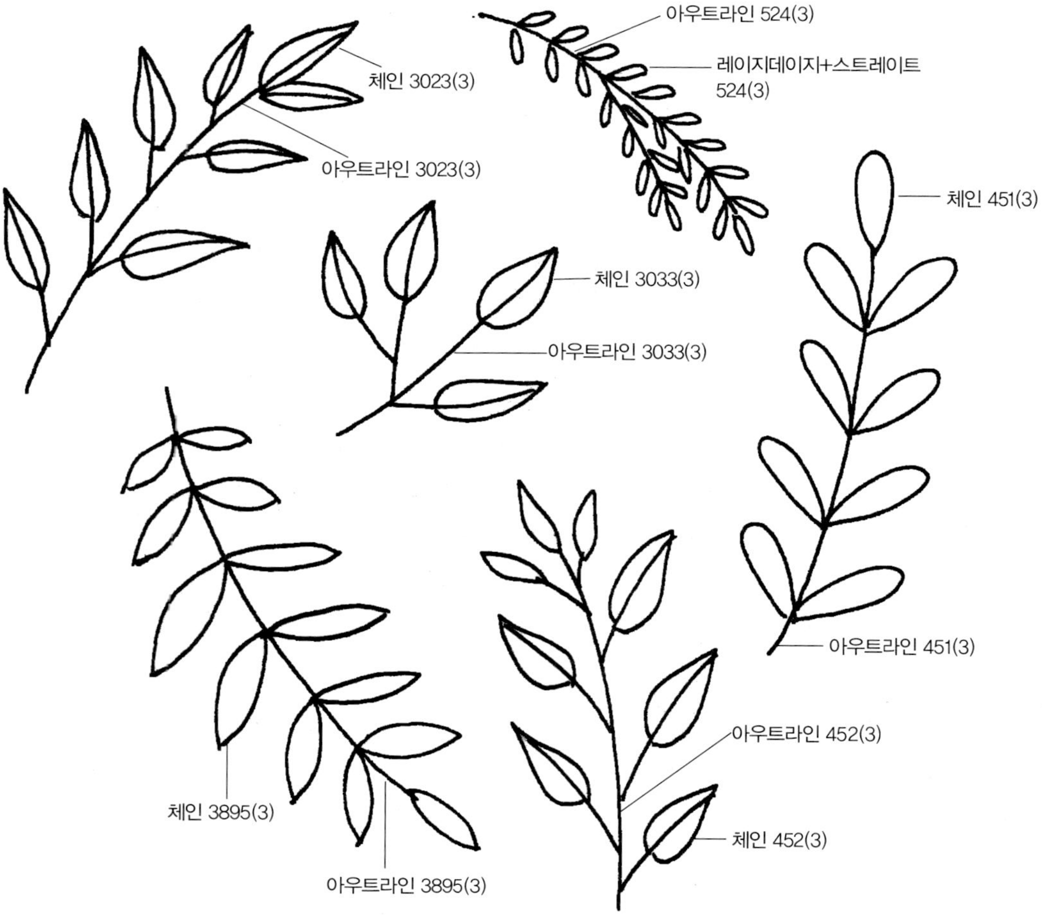
아우트라인 524(3)
레이지데이지+스트레이트 524(3)
체인 3023(3)
아우트라인 3023(3)
체인 451(3)
체인 3033(3)
아우트라인 3033(3)
아우트라인 451(3)
아우트라인 452(3)
체인 3895(3)
체인 452(3)
아우트라인 3895(3)

트래블 마그넷

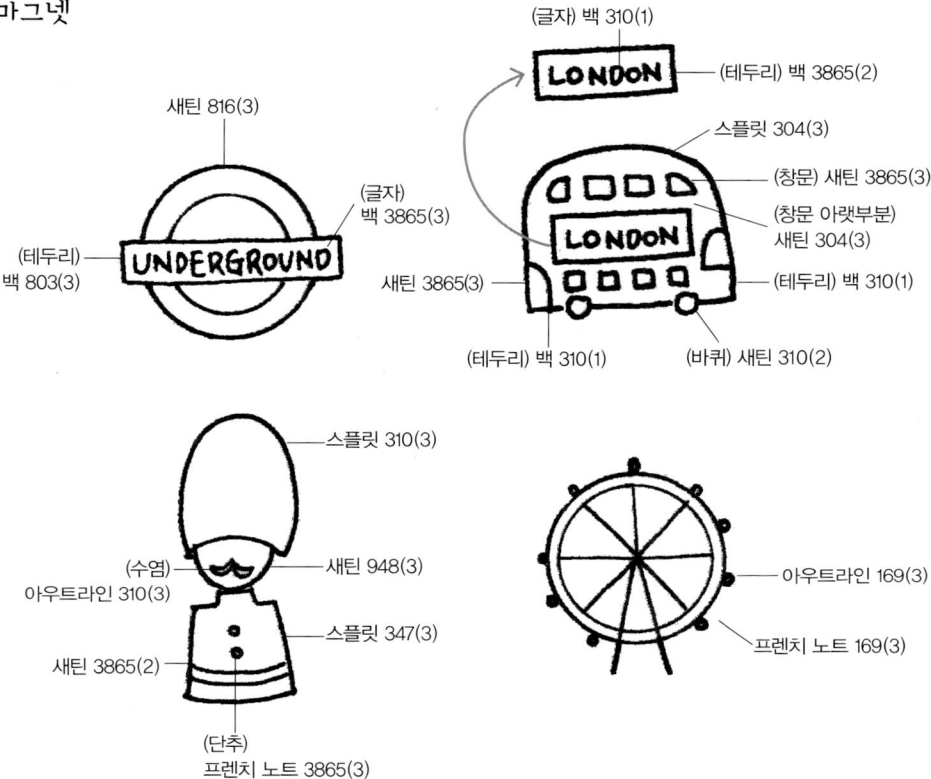

키친 클로스

웨딩카 자수 액자

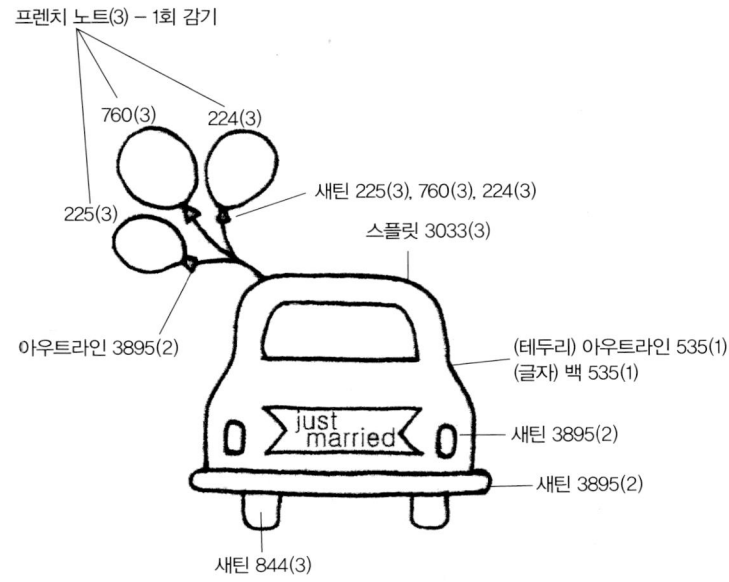

본아페티 앞치마

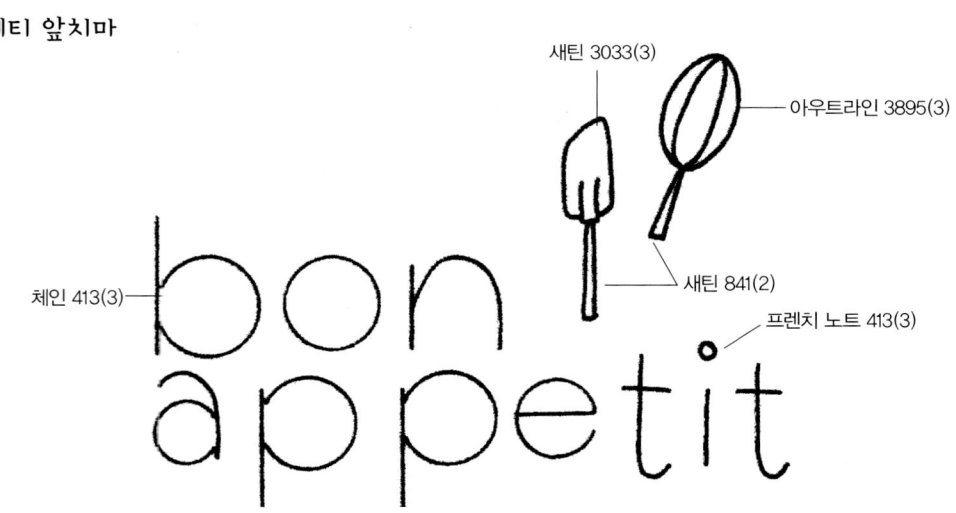

브레드 주방장갑

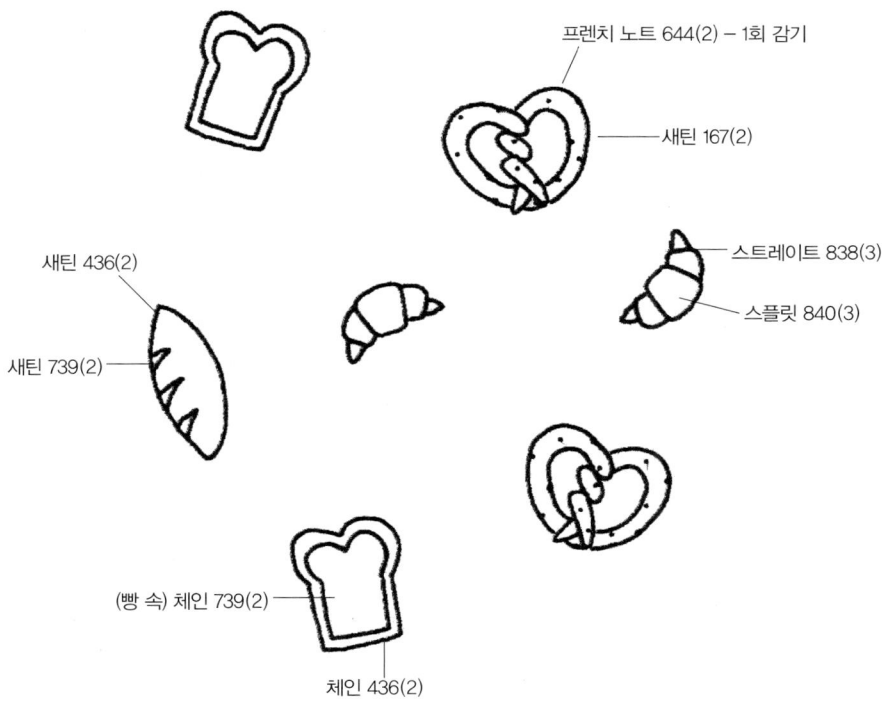

에코백

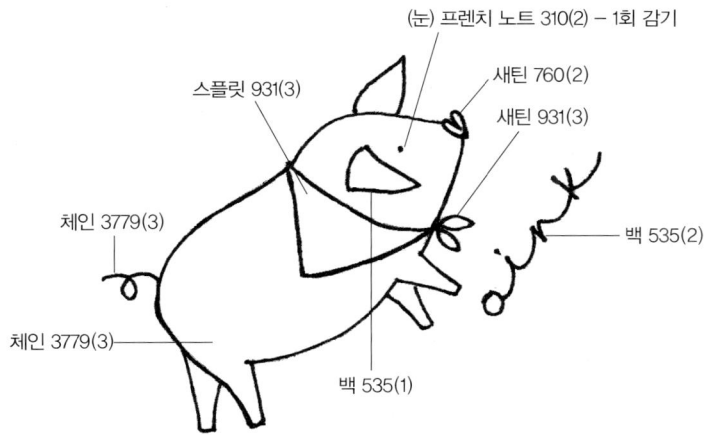

브레드 주방장갑

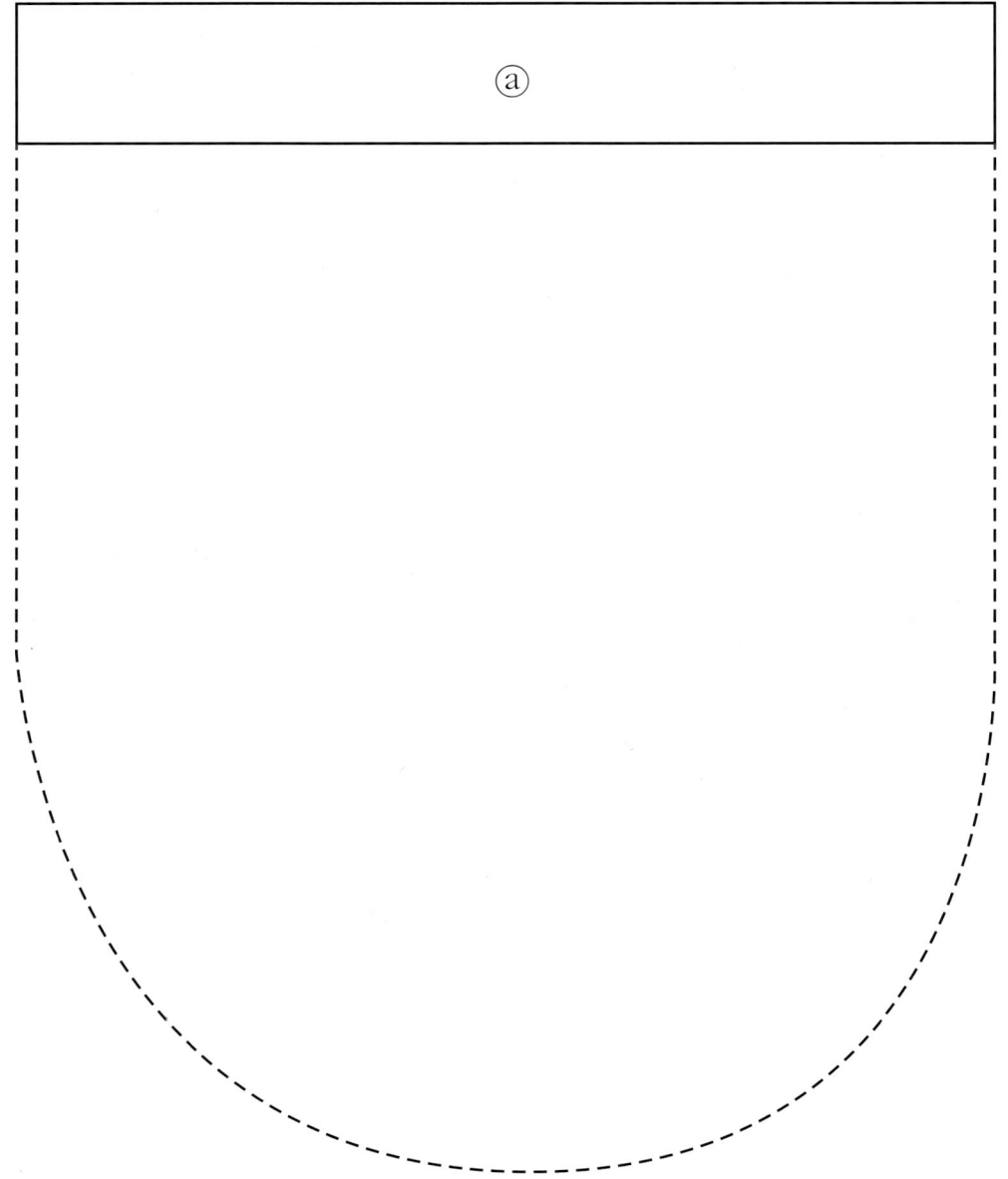

숫자

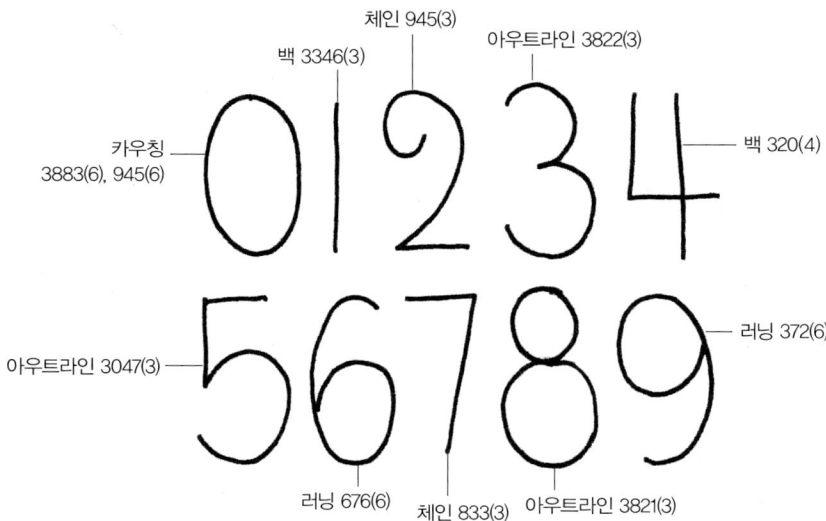

하나뿐인 배냇저고리

턱받이

핑크 기린 베게 커버

감사 카드

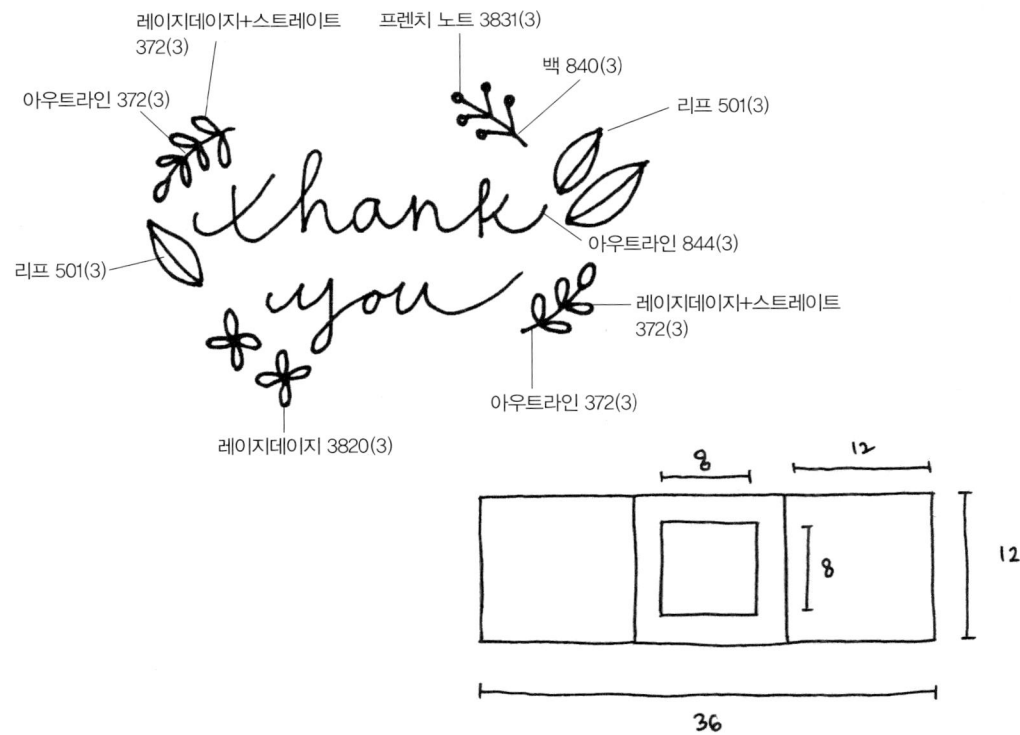

크리스마스 오너먼트

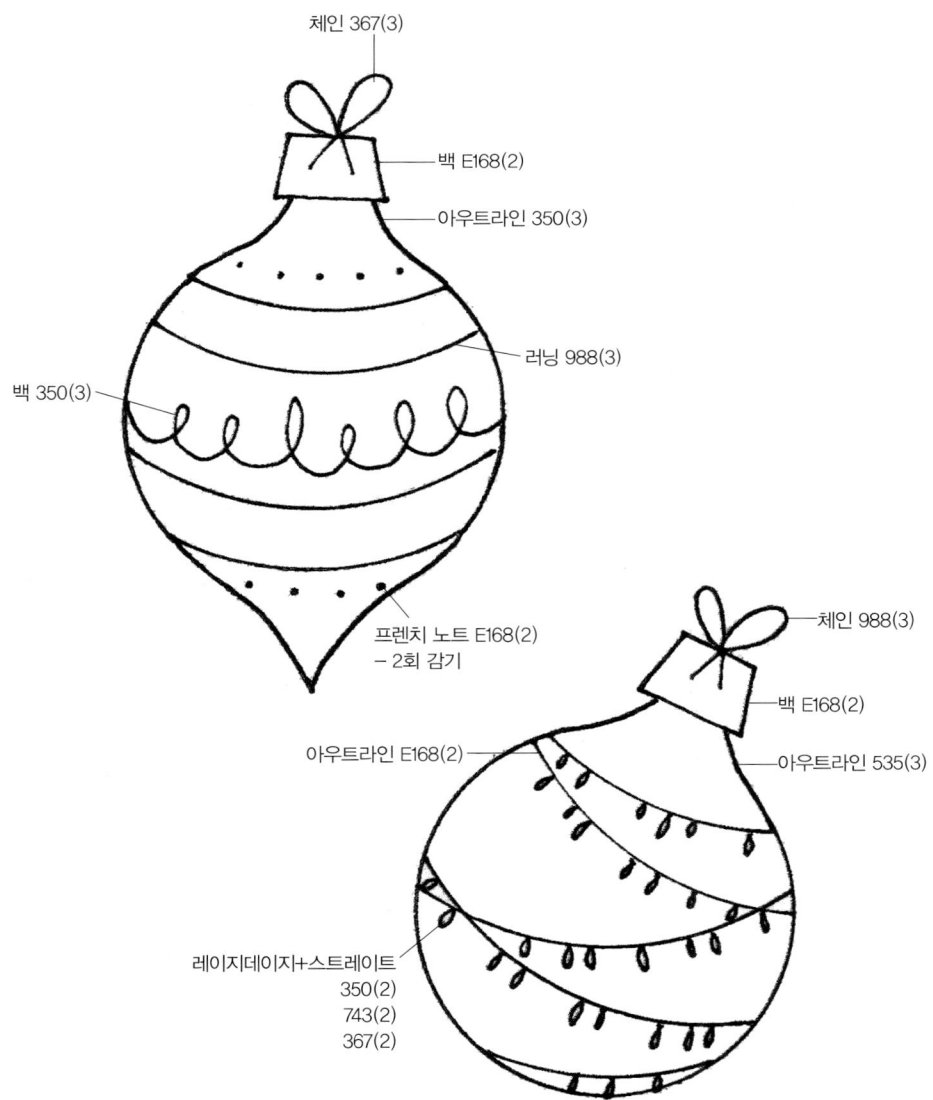

크리스마스 머리핀

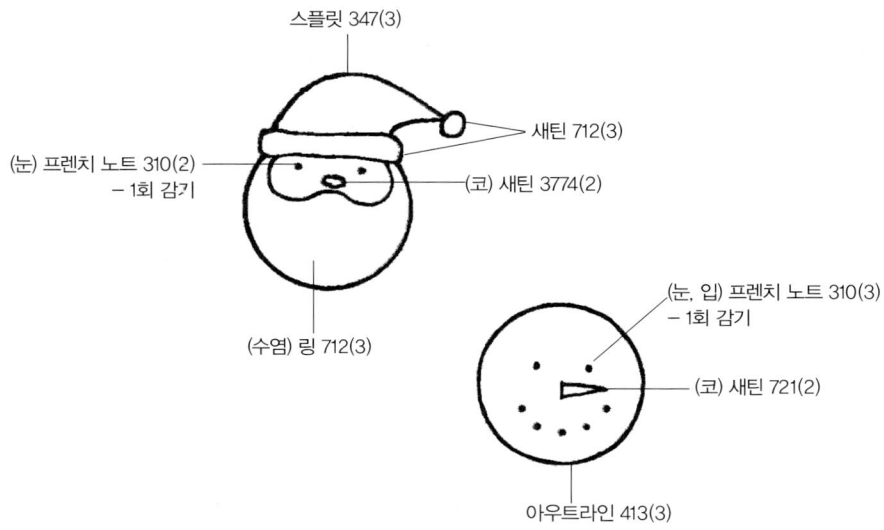

할로윈 브로치

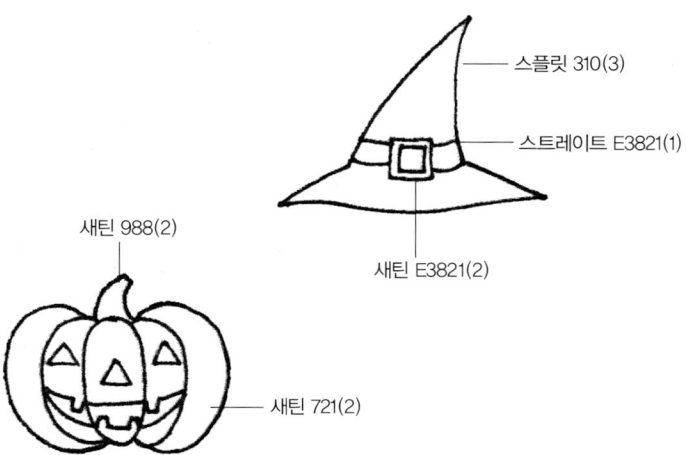